Teoria e Prática

Justiça Restaurativa em casos de Abuso Sexual

Série Da Reflexão à Ação

Judah Oudshoorn
Lorraine Stutzman Amstutz
Michelle Jackett

Justiça Restaurativa em casos de Abuso Sexual

Esperança na superação do trauma

Tradução
Tônia Van Acker

Palas Athena

Título original: The Little Book of Restorative Justice for Sexual Abuse –
Hope through Trauma
Copyright © 2015 by Judah Oudshoorn

Grafia segundo o Acordo Ortográfico da Língua Portuguesa de 1990,
que entrou em vigor no Brasil em 2009.

Coordenação editorial: Lia Diskin
Preparação de originais: Lidia La Marck
Revisão de provas: Rejane Moura
Capa e Projeto gráfico: Vera Rosenthal
Arte final: Jonas Gonçalves
Produção e Diagramação: Tony Rodrigues

Dados Internacionais de Catalogação na Publicação (CIP)
(Câmara Brasileira do Livro, SP, Brasil)

Oudshoorn, Judah
    Justiça restaurativa em casos de abuso sexual: esperança na superação do trauma / Judah Oudshoorn, Lorraine Stutzman Amstutz, Michelle Jackett; tradução Tônia Van Acker. – São Paulo: Palas Athena, 2019. – (Série Da Reflexão à Ação)

    Título original: The little book of restorative justice for sexual abuse: hope through trauma.

    ISBN 978-85-60804-45-0
    1. Crimes sexuais 2. Diálogo 3. Justiça restaurativa 4. Mediação 5. Vítimas de abuso sexual - Psicologia I. Amstutz, Lorraine Stutzman. II. Jackett, Michelle. III. Título. IV. Série.

19-30166   CDD-364.68

Índices para catálogo sistemático:
Justiça restaurativa e as vítimas de abuso sexual: Criminologia:
Problemas sociais   364.68

1ª edição, outubro de 2019

Todos os direitos reservados e protegidos
pela Lei 9610 de 19 de fevereiro de 1998.

É proibida a reprodução total ou parcial, por quaisquer meios,
sem a autorização prévia, por escrito, da Editora.

Direitos adquiridos para a língua portuguesa por Palas Athena Editora
Alameda Lorena, 355 – Jardim Paulista
01424-001– São Paulo, SP – Brasil
Fone (11) 3050-6188
www.palasathena.org.br
editora@palasathena.org.br

Conteúdo

1. **Introdução** 9
   De que trata este livro? 10
   Qual a finalidade deste livro? 16
   Estrutura do livro 17
   Integridade 18
   Observação sobre a terminologia 18

2. **Compreender o abuso sexual** 21
   Abuso sexual 21
   Vítimas 22
   Ofensores 22
   O ciclo do abuso sexual 23
   Os impactos do abuso sexual 31

3. **Justiça Restaurativa** 35
   Justiça como atendimento a necessidades 37
   De que precisam as vítimas de abuso sexual? 38
   Quais as necessidades das pessoas que cometeram abuso sexual? 39
   De que necessitam as comunidades? 43

4. VÍTIMAS – UM ESTUDO DE CASO 47
   Terapia, justiça criminal e justiça restaurativa 48
   Justiça restaurativa e as vítimas de abuso sexual 50
   Necessidades que o diálogo de justiça restaurativa
   pode atender 51
   Justiça restaurativa de apoio para vítimas de
   abuso sexual 54
   Pesquisas sobre justiça restaurativa e vítimas de
   abuso sexual 54

5. OFENSORES – UM ESTUDO DE CASO 57
   Onde mora a esperança?..59
   Reintegração de ofensores...60
   Pesquisa sobre círculos de apoio e responsabilização...63
   Responsabilidade 64

6. COMUNIDADES – UM ESTUDO DE CASO 67
   Cuidar da comunidade...69
   Impactos comuns e respostas sugeridas 69
   Liderança 73
   Quatro modelos de liderança 74
   Ação e engajamento..76
   Um exemplo: FaithCARE 77
   Justiça restaurativa e violência sexual nos campi
   de universidades...79

7. COMUNIDADES INDÍGENAS – UM ESTUDO DE CASO.... 83
   Lições aprendidas...87

8. LIMITES E POSSIBILIDADES 91
   Limites 91
   Possibilidades..95

9. PRÁTICA POR PRINCÍPIOS..101

10. CONCLUSÃO – UM ESTUDO DE CASO 107
    Fins e começos 113

    Notas... 115
    Sobre os autores...121
    Leituras selecionadas... 123
    Obras da Palas Athena Editora
    Série Da Reflexão à Ação 124

Introdução

Garota abusada sexualmente pelo padrasto. Como podemos ajudar?

Homem preso por exploração de menores. O que podemos fazer para que isso não aconteça de novo?

Um rapaz é estuprado pelo pastor que cuida do grupo de jovens. Como pode reagir a comunidade da igreja?

Uma comunidade indígena devastada pelo abuso sexual. Como poderá voltar a ser uma comunidade saudável?

Esta obra reflete sobre o uso da justiça restaurativa em resposta ao abuso sexual. Como esta abordagem poderá tratar das situações descritas acima?

A Justiça Restaurativa vem ganhando crescente aceitação no tratamento dos atos lesivos e do crime. Desenvolveram-se intervenções para uma ampla gama de delitos. Em vez de ser um modelo ou um conjunto de programas definidos, a justiça restaurativa é um mapeamento de possibilidades. Por não ser prescritiva, oferece às comunidades mais flexibilidade e poder para responder a crimes violentos como o abuso sexual.

A justiça restaurativa se preocupa com a desmedida atenção dedicada aos infratores, muitas vezes à custa das vítimas, e procura equilibrar a atenção dada aos dois – àqueles que foram vítimas e aos que causaram o mal.

Este livro coloca as seguintes questões:
1. O que a abordagem restaurativa pode oferecer às vítimas de abuso sexual, às pessoas que cometeram crimes sexuais e às comunidades impactadas por esse tipo de violência?
2. De que modo a justiça restaurativa complementa ou difere do auxílio que já está sendo prestado por terapeutas e pelo sistema judicial?
3. Como criar comunidades onde as vítimas recebem apoio, os ofensores são responsabilizados e todos podem viver em segurança?
4. Qual seria o significado, filosófico e prático, de redirecionar alguns recursos da justiça, do policiamento, dos tribunais e das prisões para a prevenção e atendimento das necessidades daqueles que foram lesados?
5. Como a justiça restaurativa pode tratar da violência estrutural – como o patriarcalismo, o racismo e o colonialismo – ao reagir ao abuso sexual?

DE QUE TRATA ESTE LIVRO?

Este livro *não* procura dar desculpas para o que os ofensores fizeram. O abuso sexual é errado. Quando alguém escolhe abusar sexualmente de outrem, ele ou ela estão causando um imenso dano, não apenas à vítima direta, mas também a outros da comunidade. Não importa qual seja o histórico do abusador – que muitas vezes é marcado por traumas e sofrimento –, quem comete violência sexual precisa ser responsabilizado por sua escolha. A justiça restaurativa não minimiza o mal, não dá desculpas, nem ajuda o infrator a se safar das consequências de seus atos. Por vezes as pessoas confundem justiça restaurativa com perdão, ou reconciliação. Estas não são prioridades da justiça restaurativa, salvo nos casos em que a vítima assim o deseja. A justiça restaurativa é contra a violência e a favor da segurança dos cidadãos.

Este livro procura *sim* colocar as necessidades das vítimas em primeiro plano. A maior parte dos recursos financeiros e humanos do aparato da justiça criminal são gastos com os infratores. Entre policiamento, tribunais e prisões, a América do Norte gasta bilhões de dólares com as pessoas que fizeram mal e causaram danos com seus crimes. Isso acontece muitas vezes à custa de não atender às necessidades das vítimas. Na justiça restaurativa, por outro lado, começamos por perguntar "Quem foi prejudicado?"; e em seguida "Quais são suas necessidades"? No fundo, isso traz a necessidade das vítimas para o primeiro plano. A maioria não denuncia sua experiência de abuso sexual. Os Estados Unidos precisam de uma estrutura jurídica que comece a acreditar nas vítimas. Muitas têm medo de que as autoridades não acreditem nelas, receio de serem ridicularizadas ou mesmo culpadas pelo que aconteceu. As práticas de justiça restaurativa devem começar por acreditar nas vítimas, garantir sua segurança e priorizar sua recuperação.

Esta obra *não* é uma abordagem nem dura nem permissiva em relação ao crime. Alguns pensam que a justiça restaurativa abre uma saída fácil para o infrator, para escapar da pena de reclusão ou de outras punições. Outros argumentam que ela é até mais exigente do que a punição convencional. Na realidade, a justiça restaurativa é multifacetada; procura descobrir como reparar o dano quando as necessidades são diferentes, ou mesmo opostas. Pense nesta situação: muita gente na sociedade quer que os abusadores sexuais sejam punidos e sofram pelo mal cometido; as vítimas da violência querem apenas que o mal seja reconhecido e que o criminoso mude de comportamento. A abordagem permissiva ("coitado do criminoso") tende a minimizar o mal, enquanto a abordagem dura ("tranca e joga fora a chave" ou "que apodreça na cadeia") minimiza a verdadeira responsabilização; no entanto estas duas vertentes deixam de lado as complexas necessidades das vítimas.

Dito isso, é preciso acrescentar que encarceramento e justiça restaurativa não são excludentes. As prisões podem ser uma parte importante da segurança comunitária – ao menos temporariamente. Quando uma pessoa constitui ameaça para si ou para os outros, é vital que seja presa. Porém, penas longas ou punição pela punição (ou por conveniência política) em geral não tornam a comunidade mais segura e nem sempre satisfazem as vítimas. Embora alguns programas de reabilitação em prisões tenham se mostrado eficazes para os ofensores, o uso abusivo e exclusivo do aprisionamento prolongado em geral torna as comunidades menos seguras. Para as vítimas, a detenção e o aprisionamento do culpado podem oferecer certa sensação de que foram vingadas, mas o processo em si costuma levar a novos traumas e não chega a satisfazer suas necessidades.

Este livro é eficaz contra o crime e/ou danos. A justiça restaurativa é abrangente, coloca perguntas inteligentes àqueles que foram prejudicados. Práticas saudáveis de justiça restaurativa levam em conta o trauma da vítima e a responsabilização do ofensor, bem como a segurança da comunidade. "Eficaz contra o crime" significa que as intervenções devem estar voltadas também para prevenir danos futuros. Significa romper o silêncio sobre o abuso sexual.

INTRODUÇÃO

Este livro reconhece o abuso sexual como uma forma de violência de gênero. Embora homens e mulheres sejam perpetradores de violência, a maioria dos crimes sexuais é cometida por homens. A presente obra não é contra os homens, nem sugere que eles sejam propensos a ser estupradores. Contudo, o abuso sexual é um problema predominantemente masculino. Portanto, a estrutura de justiça restaurativa descrita nesta obra reconhece o abuso sexual como forma de violência de gênero. Ainda que algumas mulheres também cometam violência sexual – e isto não pode ser esquecido, especialmente por respeito às suas vítimas –, o abuso sexual não pode ser erradicado até que mais homens comecem a levantar a voz para desafiar as formas de masculinidade que o perpetuam. Como autores, somos gratos a muitos estudiosos e profissionais da justiça restaurativa que se preocupam com questões de gênero e vêm defendendo que se ponha um fim à violência de gênero; e o fazem muitas vezes a um custo pessoal bastante alto.

Este livro reconhece que o racismo e o colonialismo do sistema de justiça criminal da América do Norte têm causado grande dano a certos grupos de pessoas, especialmente afro-americanos, latino-americanos e povos indígenas. As práticas de justiça restaurativa devem cuidar para não ignorar ou perpetuar desigualdades étnicas. O sistema de justiça criminal tem sido utilizado como ferramenta para manter o poder e para marginalizar e colonizar. A supremacia daqueles que estão no poder precisa ser questionada. Mais adiante, no estudo de caso sobre o povo ojíbua, de Hollow Water, mostraremos que as questões da violência coletiva estrutural, como colonialismo e racismo, estão ligadas à violência individual, inclusive o abuso sexual.

Esta obra reconhece o espírito comunitário como um valor. A justiça restaurativa está voltada para as pessoas. Trata-se de explorar como elas podem viver juntas respeitando a dignidade dos demais. Respeitar a todos significa conversar sobre os males cometidos e prestar apoio àqueles que foram prejudicados. Significa também que os indivíduos que cometeram crimes sexuais são pessoas. São pais e padrastos, mães e madrastas, tios e tias, primos, irmãos e irmãs. Uma pessoa machuca a outra por vários motivos. É importante que os ofensores recebam apoio, além de serem responsabilizados, para que se restabeleçam e compreendam que existem outras escolhas que podem fazer.

A estrutura de justiça restaurativa entende que a responsabilização, na sua melhor forma, acontece quando as pessoas recebem apoio. Eileen Henderson, Gerente de Justiça Restaurativa do Mennonite Central Committee, de Ontário, observa que: "A reintegração é uma falácia, visto que a maioria dos ofensores nunca esteve integrada ao grupo social". Esta não é uma desculpa para minimizar o dano que escolheram perpetrar, mas uma realidade, pois o criminoso precisa de um espaço para se recuperar e desenvolver relacionamentos sadios. As comunidades incluem pessoas que foram feridas, pessoas que causaram danos e pessoas que simultaneamente sofreram e causaram sofrimento – e a justiça restaurativa dá valor a todos os membros da comunidade.

Este livro *não* defende nem propõe programas específicos, nem mesmo os encontros presenciais. Muitas vezes, pensa-se que a justiça restaurativa é um encontro face a face entre vítima e ofensor. Embora tais encontros sejam apropriados e até desejáveis em alguns casos, há muitas situações em que esse tipo de diálogo não é aconselhável. Às vezes os transgressores não querem assumir a responsabilidade, algo que é exigido por alguns programas de encontro vítima-ofensor – ou não estão/estariam dispostos a participar voluntariamente. Além disso, muitas vítimas não precisam nem querem se encontrar com a pessoa que as agrediu. Ademais, a maioria dos violadores sexuais não são pegos. Se o diálogo for a única ferramenta disponível, essa abordagem deixará de ajudar a maioria das vítimas e dos ofensores. A justiça restaurativa é em primeiro lugar uma estrutura, um modo de fazer justiça. Os programas específicos estão em segundo plano.

Esta obra oferece apenas uma estrutura. Há muito trabalho para fazer em prol das vítimas de abuso sexual e para responsabilizar os abusadores. A justiça restaurativa provê apenas algumas peças desse quebra-cabeça. Além do que, como observa Howard Zehr, estamos ainda no início da curva de aprendizado de como fazer e falar de justiça restaurativa. Os profissionais do ramo devem estar abertos a críticas e questionamentos e devem tomar o devido cuidado para não exagerar nas promessas sobre o que ela pode realizar. A estrutura apresentada neste livro pode coexistir ou conviver com outras. Por exemplo, os processos penais são exatamente o que algumas vítimas e ofensores precisam. O Estado de direito, o processo justo, a denúncia do crime e a proteção dos direitos são elementos importantes da justiça e da segurança comunitária. De fato, no Canadá e em algumas partes dos Estados Unidos, os cidadãos têm a obrigação legal de reportar qualquer abuso contra crianças às autoridades competentes. Com muita frequência as pessoas responsáveis por instituições acobertaram abusos sexuais, tentando lidar com ele internamente, o que levou a mais males. Além disso, os modelos terapêuticos são parte importante da cura, tanto para vítimas quanto para ofensores. Relembrar, viver o luto e se reconectar à vida através desses processos são passos essenciais para que a vítima se recupere.[1] A terapia cognitivo--comportamental e o modelo de prevenção de recaídas provaram ser caminhos excelentes para ajudar muitos ofensores a evitar a reincidência.

Este livro é um convite a continuar dialogando respeitosamente. E tem o intuito de ser uma conversa e não um texto prescritivo ou polêmico.

Este é um assunto muito duro. Inúmeras pessoas são vítimas de abuso sexual. E muitas delas sofreram mais traumas ainda por causa do modo como os outros à sua volta reagiram ao fato – a começar pelos membros da família que duvidaram de suas histórias, sua verdade sobre o que aconteceu. Como autores, reconhecemos isto. Adentramos estas águas com cuidado e grande respeito por aqueles que sobreviveram ao abuso sexual.

QUAL A FINALIDADE DESTE LIVRO?

Ele foi escrito devido à urgência das questões de que trata e porque muitos perguntam com que a justiça restaurativa contribui nos casos de crimes sexuais e suas consequências. Gostaríamos de ressaltar duas preocupações:
1. **A necessidade de comunidades seguras.** O cerne desta obra é a criação de comunidades seguras. No próximo capítulo discutiremos a ampla disseminação do abuso sexual. É preciso fazer muito mais para reconhecê-lo e pôr fim a ele.
2. **A necessidade de diálogos criativos.** Os métodos de intervenção da sociedade atual são, na melhor das hipóteses, limitados. Isso vale para a justiça criminal

e também para a restaurativa. Nossa esperança é a de que este livro acenda a imaginação do leitor a fim de procurar experimentar maneiras novas, seguras e criativas de tratar dos males gerados pelo abuso sexual.

ESTRUTURA DO LIVRO

- O Capítulo 2 descreve a questão do abuso sexual, seu impacto sobre as vítimas e por que alguns ofensores cometem esse tipo de crime.
- O Capítulo 3 descreve uma estrutura de justiça restaurativa.
- O Capítulo 4 se vale de um estudo de caso para descrever como a estrutura de justiça restaurativa pode ser usada para ajudar as vítimas.
- O Capítulo 5 emprega um estudo de caso para descrever como a estrutura de justiça restaurativa é usada para os perpetradores.
- O Capítulo 6 usa um estudo de caso para descrever como a estrutura de justiça restaurativa pode ser usada dentro da comunidade (nosso exemplo é o de uma comunidade religiosa).
- O Capítulo 7 descreve como o povo ojíbua, das Primeiras Nações, de Hollow Water, reagiu a uma epidemia de abuso sexual, utilizando os círculos de cura nativos para restabelecer vítimas, ofensores e a comunidade.
- O Capítulo 8 descreve alguns limites e possibilidades da justiça restaurativa com base na literatura acadêmica sobre o tema.
- O Capítulo 9 descreve princípios que podem orientar as práticas restaurativas nos casos de violência sexual.
- O Capítulo 10 encerra com um estudo de caso.

INTEGRIDADE

Muitos enfatizam que a justiça restaurativa é uma abordagem baseada em valores. Gostaríamos de ressaltar a integridade como um valor-chave. Na nossa perspectiva, a justiça restaurativa é uma busca de inteireza: inteireza de indivíduos e comunidades. Se facilitarmos diálogos de justiça restaurativa entre vítimas e ofensores sem tratar das causas que originaram o crime, a justiça se fará apenas de forma parcial. Se incentivarmos os outros a serem responsáveis por suas ações sem aplicar a mesma regra para nós mesmos, a justiça será parcial. Se nos esforçarmos para restaurar relacionamentos dentro de grupos ou comunidades mas, ao mesmo tempo, deixarmos de trabalhar respeitosamente com todas as pessoas e sistemas, a integridade ficará comprometida. Na esperança de tratar de todas essas questões, a justiça restaurativa é motivada pela integridade e luta por ela.

OBSERVAÇÃO SOBRE A TERMINOLOGIA

Cada vez mais, os rótulos "vítima" e "criminoso"* estão sendo reavaliados nos Estados Unidos. Ainda que esses termos sejam um modo rápido e prático de referência, e sejam

---

* Em inglês a palavra *offender* significa "criminoso". Em português, no âmbito jurídico, dizemos autor de um crime, ou agente, ou sujeito ativo. No entanto, desde o início da justiça restaurativa no Brasil, entendeu-se que as palavras "autor" e "agente" não seriam adequadas para o entendimento geral, nem satisfatórias do ponto de vista da vítima. Daí que profissionais do ramo tenham sugerido a tradução "ofensor", uma vez que esta palavra remete a alguém que teve um comportamento prejudicial aos relacionamentos – não somente o crime, mas também transgressões e violências não criminalizadas. Ao mesmo tempo, a palavra "ofensor" não rotula de "criminosa" a pessoa que teve um comportamento antissocial. [N. da T.]

conhecidos no sistema de justiça criminal, também se prestam a uma excessiva simplificação e à formação de estereótipos. As pessoas são muito mais do que fizeram ou sofreram. Na criminologia, a teoria da rotulação mostra que os rótulos contêm julgamentos e que as pessoas tendem a se tornar aquilo de que foram rotuladas.

Nos Estados Unidos, não vemos outra alternativa senão usar esses termos, mas incitamos o leitor a manter esta questão em mente.

COMPREENDER O ABUSO SEXUAL

Neste capítulo definiremos os termos "abuso sexual", "vítima" e "ofensor". Discutiremos o impacto do abuso sexual sobre as vítimas e apresentaremos alguns conceitos relacionados aos crimes sexuais. Isto oferecerá o pano de fundo para explicar como a justiça restaurativa pode abordar tais casos.

ABUSO SEXUAL

Abuso sexual, no contexto desta obra, é qualquer tipo de contato ou tentativa de contato sexual indesejado e não consensual perpetrado por um ofensor contra outrem. Isto inclui o estupro, a violência sexual, o incesto, a coação sexual, a importunação sexual, gestos e olhares obscenos, tocar partes íntimas, expor órgãos sexuais e pornografia infantil. Apesar de se descrever o contato como sexual, ele seria mais bem compreendido como violência, pois é uma violação da dignidade sexual de um ser humano pela ação de outro. O abuso sexual prejudica as vítimas, os ofensores e também a comunidade. Ele é vivenciado como um trauma pela vítima e pode ser tão avassalador que a pessoa não sabe se conseguirá sobreviver. Tomemos o exemplo de um abuso sexual que faz parte da vida "normal" de alguém que é violado rotineiramente por um membro da família ou um ente querido. Nesses casos, a recuperação pode ser também traumática. (Para mais informações sobre o trauma e como este influencia o cérebro, ver *A Cura do Trauma*, de Carolyn Yoder.) Estima-se que uma em cada três mulheres e um em cada seis homens sofrerá algum tipo de abuso sexual ao longo da vida.[2]

VÍTIMAS

Conforme observamos, a linguagem e – mais especificamente – os rótulos podem ser um problema. Para os que sofreram algum abuso sexual é importante poder contar a sua história, do modo como a enxergam, inclusive no modo de definir sua experiência. Alguns preferem ser chamados de "vítimas", outros de "sobreviventes", ou mesmo de "vencedores".

Para os propósitos desta obra, usaremos o termo "vítima", pois indica que algo danoso e incontrolável foi feito a alguém sem o seu consentimento. Usar o termo "vítima" permite expressar que aquilo que aconteceu a essas pessoas não foi escolhido por elas, não foi culpa delas. Foi algo imposto; uma violação.

Contudo, é preciso atentar ao fato de que as vítimas nem sempre continuam impotentes nem perpetuamente presas à sua condição de vítima. Muitas vezes os outros querem dar conselhos e dizer-lhes como reagir, e isto não ajuda em nada. Entretanto, quando as vítimas dispõem de escolhas e da oportunidade de passar por um processo que cria resiliência, adquirem maior capacidade de seguir adiante em direção à recuperação.

OFENSORES

Quem cometeu abuso sexual fez algo monstruoso, mas ele ou ela não é inerentemente monstruoso/a. O ato de cometer um crime sexual é danoso e errado, contudo, a pessoa que o perpetrou não deve ser privada de sua humanidade, apesar do fato de ter tratado a vítima de modo desumanizante.

O abuso sexual não representa a totalidade da condição humana da pessoa que o perpetrou. Na Community Justice Initiatives (em Kitchener, Canadá) um homem que participava de um grupo de apoio a abusadores sexuais disse certa vez: "Quando começaram a me tratar como um ser humano, percebi que tinha de começar a agir como tal". Ao fazer a distinção entre o crime e a pessoa que o cometeu, permitimos que esta pessoa se restabeleça, ao mesmo tempo responsabilizando-a por suas escolhas errôneas. Essa maneira de ver os ofensores é importante para a segurança comunitária, como veremos no Capítulo 5. Em prol da simplicidade, usaremos o termo "ofensor" para representar quem cometeu abuso sexual.

O CICLO DO ABUSO SEXUAL

É difícil quantificar o custo (emocional, físico, financeiro etc.) da epidemia de abuso sexual em nossa sociedade que atinge uma em cada três mulheres e um em cada seis homens, como mencionado anteriormente. Podemos descrever com mais precisão o impacto sofrido por indivíduos.

Para descrever algumas das maneiras como o abuso sexual afeta as vítimas, contaremos uma história fictícia. O modelo para esta narrativa é o "Ciclo do Abuso Sexual", que tem origem na terapia cognitivo-comportamental[3]. No início, foi usado para pessoas que lutavam contra vícios com o objetivo de explicar como pensamentos, sentimentos e comportamentos atuam conjuntamente para criar padrões doentios e, mais tarde, vícios. Desde então os terapeutas e outros reconheceram o valor de aplicá-lo a abusadores sexuais para ajudá-los a compreender os hábitos que levam ao crime. Embora este ciclo não explique todos os crimes sexuais, e talvez seja muito simplista, ele permite compreender que a violência sexual é uma escolha. Este ciclo pode inclusive explicar ofensas sexuais em que o criminoso é diagnosticado com alguma patologia psíquica, como a pedofilia, que é a atração sexual por crianças de certa idade. Na verdade toda escolha humana reflete pensamentos, sentimentos, comportamentos e experiências. O ciclo do abuso sexual simplesmente liga uma coisa à outra.

O CICLO DO ABUSO SEXUAL

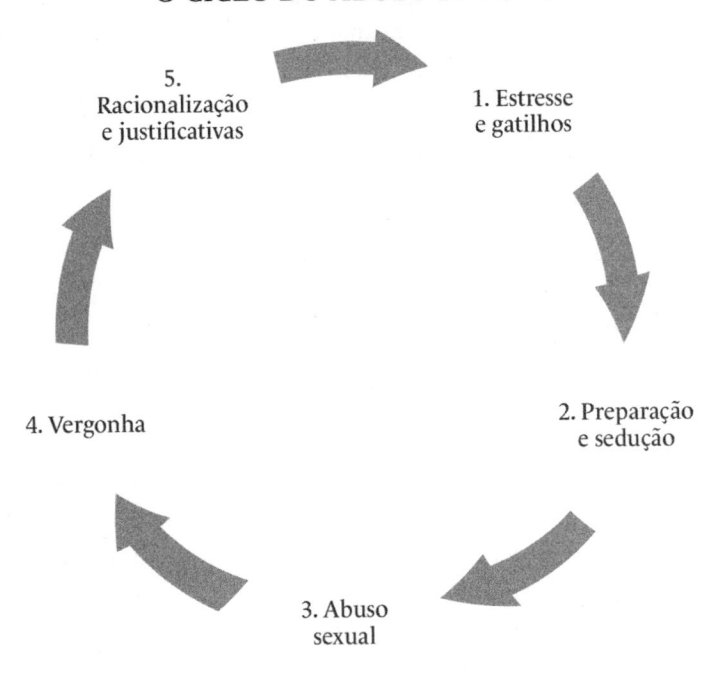

5. Racionalização e justificativas

1. Estresse e gatilhos

4. Vergonha

2. Preparação e sedução

3. Abuso sexual

1. **Estresse** – O modelo começa pelo estresse. A maioria, senão todas as pessoas, se sente estressada em algum momento da vida adulta por causa de questões familiares, relacionais e/ou financeiras. O desafio é escolher uma maneira de lidar com isso.

Os seres humanos em geral reagem ao estresse: (a) internamente – o cérebro processa a experiência segundo o modo como se desenvolveu, e (b) externamente – através de comportamentos. Um histórico de erotização precoce e/ou trauma infantil (desamparo, abuso etc.) em geral faz parte do desenvolvimento do ofensor (mesmo que nem sempre). O trauma altera as respostas do cérebro ao estresse. Ou seja, o cérebro humano pode ser danificado pelo trauma, a ponto de um estresse que deveria ser percebido como normal acabar sendo vivido como questão de vida ou morte, fuga ou luta. O estresse muitas vezes precipita ou é o gatilho da violência quando as estratégias escolhidas para lidar com o trauma são pouco saudáveis.

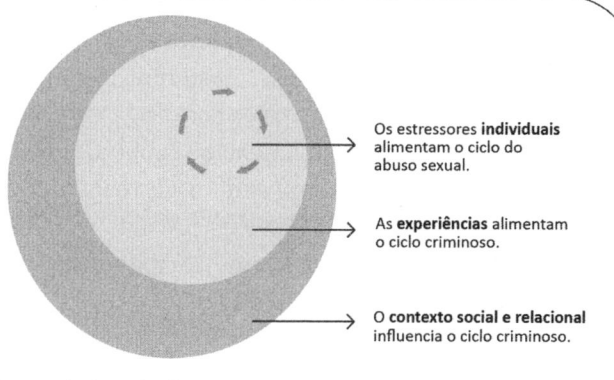

Os estressores **individuais** alimentam o ciclo do abuso sexual.

As **experiências** alimentam o ciclo criminoso.

O **contexto social e relacional** influencia o ciclo criminoso.

Contexto do abuso sexual

A imagem acima mostra que o ciclo do abuso sexual acontece dentro do contexto das experiências individuais e também das influências sociais:

Individuais:
- Erotização precoce e/ou
- Trauma infantil

Sociais:
- Sexo como algo vergonhoso (incentivo à ocultação) e/ou
- Equiparação de sexualidade masculina com violência (desestimula o consentimento e normaliza a violência masculina)

Como exemplo, imaginemos que o homem neste ciclo está passando por considerável estresse no casamento com a mãe de sua vítima. Isso desencadeia nele o medo do abandono. Junto com o medo vem a vergonha de não conseguir manter um relacionamento saudável. Ele decide ser durão e não conversa com ninguém sobre esse estresse relacional. Em vez disso, começa a lidar com a situação de modo doentio.

2. **Preparação** – Boa parte da preparação do crime sexual é uma combinação de dois fatores. O primeiro é a adoção de um modo doentio de lidar com a situação, combinado com um segundo fator, que é a preparação consciente ou inconsciente de uma vítima em potencial. O primeiro é a utilização de maneiras disfuncionais de lidar com emoções difíceis. O segundo é estabelecer um relacionamento de confiança com a vítima e assim criar oportunidade para a violência sexual. Um dos efeitos do trauma é que se aprende uma reação disfuncional ao estresse, e por isso as pessoas traumatizadas acham difícil se manter num relacionamento saudável. Os psicólogos muitas vezes chamam a isso de **apego desorganizado**, ou seja, dificuldade de se ligar aos outros. Os abusadores, em geral, são emocionalmente imaturos e se sentem mais à vontade com crianças do que com adultos.

O homem da nossa história vive o estresse marital como uma dificuldade impossível de lidar. Sente-se avassalado e tem vergonha porque fracassou em algo que vê como importante. Culpa a parceira por aquilo que, na sua visão, é falta de empenho em corresponder a seus esforços para manter o relacionamento. Não reconhece nem admite sua responsabilidade. Está raivoso e confuso. Sente saudades do relacionamento inicial que ele imagina. Para lidar com sentimentos tão intensos, se retrai. Não conversa com ninguém sobre sua infelicidade. Pensa que ninguém o compreenderá. Nesse período, começa a ter fantasias e usa cada vez mais pornografia e masturbação como maneiras de se acalmar. O álcool se torna seu amigo. Ele não bebia muito, mas começa a aproveitar qualquer ocasião para tomar uma cerveja. À medida que o relacionamento com a esposa deteriora, o homem fica sozinho com a enteada mais vezes. A mulher trabalha à noite e o homem começa a ser o principal cuidador da menina. Depois do jantar o homem e a menina assistem televisão juntos. Durante muitas semanas o único contato físico entre eles é o carinho normal entre padrasto e enteada. Contudo, sem que ele reconheça o fato, esse contato começa a preencher uma necessidade emocional dele, que começa a sexualizar a situação – isto é, ele pensa em tocá-la de modo inapropriado. Primeiro, consegue colocar de lado esses pensamentos, mas, quando cresce a raiva que nutre pela mulher, ele começa a perder a noção de realidade. Bebe mais, não consegue pensar com clareza sobre sua responsabilidade de adulto diante da criança. Quanto mais ele se retrai, mais se sente como um "fracassado" e alguém "sem valor". Quanto mais tempo passa com a criança nesse estado disfuncional, mais escolhe pensar que apenas ela o "compreende", que ela "gosta de estar comigo". A criança não percebe o tormento interno pelo qual está passando o padrasto. Está simplesmente grata por sua atenção e afeto.

3. **Abuso sexual** – Para cometer um abuso sexual as pessoas precisam dar a si mesmas essa permissão. O abuso sexual é uma escolha feita pelo abusador. Tais escolhas podem ser influenciadas por experiências traumáticas do passado, mas, mesmo aqueles que sofreram experiências de violência sexual em geral não passam a perpetrá-la. Como surge a permissão? Parte dela é social. A masculinidade é socialmente construída de tal modo que o homem se sente autorizado a agir com violência, em especial no tocante ao sexo.

- A maioria dos crimes sexuais é cometido por homens: estudos demonstraram que o mais forte preditor de vitimização sexual é a exposição a um homem sexualmente agressivo.[4]
- 90% dos perpetradores são pessoas conhecidas da vítima, em geral um membro da família ou amigo.[5]

O termo "cultura do estupro" é usado para descrever o modo como os homens são socializados para tomar sexualmente o que querem, quando querem, independente de consentimento. Quando os homens usam seu poder sobre os outros abusando sexualmente de mulheres, meninas, meninos ou outros homens, a sociedade muitas vezes fica do lado do ofensor, culpando a vítima. Em geral culpa-se a vítima do seguinte modo:

- "Ela deve ter feito alguma coisa para provocá-lo."
- "Se ela não estivesse usando uma saia tão curta, ele não a teria atacado."
- "Ele sempre vivia causando problemas e inventando histórias."
- "Ela não disse 'não'."
- "Se ela não gosta disso, porque vivia passando tanto tempo com o ofensor?"

A cultura do estupro, fundada no patriarcado e na expressão tóxica da masculinidade, tem um impacto profundamente negativo em todas as mulheres e meninas. Essa cultura do estupro permeia muitas instituições sociais, inclusive a família, as comunidades religiosas e as escolas – e as universidades são o ponto alto das estatísticas.

- Aproximadamente 25% das mulheres serão vítimas de estupro ou tentativa de estupro ao longo dos anos de faculdade.[6]
- 13% das mulheres que fazem curso superior são vítimas de perseguição persistente.[7]
- Múltiplos estudos ao longo de várias décadas verificaram que 35% dos homens universitários dizem que provavelmente estuprariam se tivessem certeza de que não seriam pegos.[8]

Mesmo em um contexto social que dá ao homem permissão para ser sexualmente violento, também pesa muito a influência do padrão individual de comportamento na decisão de dar ou não permissão a si mesmo para fazê-lo. Se põe a culpa de seus problemas emocionais nos outros, se se retrai, se usa mecanismos disfuncionais (drogas, álcool, pornografia) para lidar com as situações e sexualiza seus relacionamentos com crianças, está escolhendo um padrão doentio de comportamento. Cada um desses elementos segue um processo: primeiro, a desumanização de si pela desconexão com os outros e com a responsabilidade por suas escolhas e, em seguida, a desumanização ou objetificação da vítima em potencial. Padrões individuais e do contexto se somam para criar a permissão de violação.

O homem se convence de que a criança aprecia seus avanços sexuais. Ao longo dos últimos dias ele vem levando a mão para mais perto dos genitais dela, e confunde o medo da menina, sua impotência, com uma forma torcida de consentimento. Por fim, ele trai a confiança dela, trai seu papel de cuidador, trai seu papel de marido, trai sua comunidade e abusa sexualmente da enteada. Ele usa de força, machuca a criança e, por consequência, fere muitos que amam e querem o bem dos dois.

4. **Vergonha** – Mais tarde, à noite, ele sente nojo de si mesmo. Como pôde fazer algo desse tipo? Ele é "doente", é "um monstro"! Mas, rapidamente, enterra a vergonha e percebe que, se alguém descobrir, irá para a cadeia. Ele disse à menina para não contar para ninguém sobre o que fez; que era um segredo especial só deles; parte de uma amizade muito especial. Mais tarde, pode fazer outras ameaças, como: "A polícia vai me levar embora se alguém descobrir, e você vai ficar sem pai". E "Você acha gostoso, não acha?"

Os ofensores em geral sentem vergonha e culpa depois de perpetrar o crime. Contudo, minimizam, racionalizam ou justificam o mal com facilidade, varrendo essas emoções para baixo do tapete. O segredo obtido à custa de ameaças é a estratégia para dar continuidade ao abuso. A própria violência sexual já tende a deixar as vítimas silenciosas, mas com frequência os ofensores usam táticas intimidatórias para manter o silêncio à base de coerção.

5. **Justificação** – Um dos modos de evadir a responsabilidade por comportamentos desastrosos é a justificação.

É isso que ele faz: "Não foi assim tão ruim" (minimizar); "Ela parece que quis e gostou" (justificação); "É melhor para todos se ninguém descobrir" (racionalização); "Meu irmão fez a mesma coisa comigo quando eu era pequeno e eu superei" (minimizar e racionalizar); "É importante que ela aprenda como o corpo dela funciona" (justificação). À medida que as justificações vão se somando e sobrepondo, fica mais fácil para o ofensor delinquir novamente.

OS IMPACTOS DO ABUSO SEXUAL

Em regra (mas nem sempre) o abuso sexual é vivido como uma experiência traumática. O trauma é uma experiência que supera nossa capacidade pessoal de lidar com os fatos. Naquele momento, a pessoa pensa que a vida acabou. Os mecanismos de sobrevivência de luta (agredir quem me agrediu), fuga (correr) ou congelamento (incapaz de lutar ou de fugir) entram em ação. Não raro, uma vez ativados, esses mecanismos de sobrevivência continuam atuantes até que essa pessoa tenha a oportunidade de se restabelecer – motivo pelo qual muitas vítimas continuam se sentindo controladas por abusos do passado. Se a sobrevivente ficar presa no mecanismo de luta, pode continuar agressiva em muitas situações, mesmo naquelas em que um contra-ataque não é necessário. Se presa no modo de fuga, a sobrevivente pode se tornar avessa aos relacionamentos. Se no modo de congelamento, pode se tornar insensível e sempre passiva. É possível que a vítima passe alternadamente por esses três estados. Em todas as hipóteses, o mecanismo de resposta ao estresse da sobrevivente ficou danificado pelo trauma.

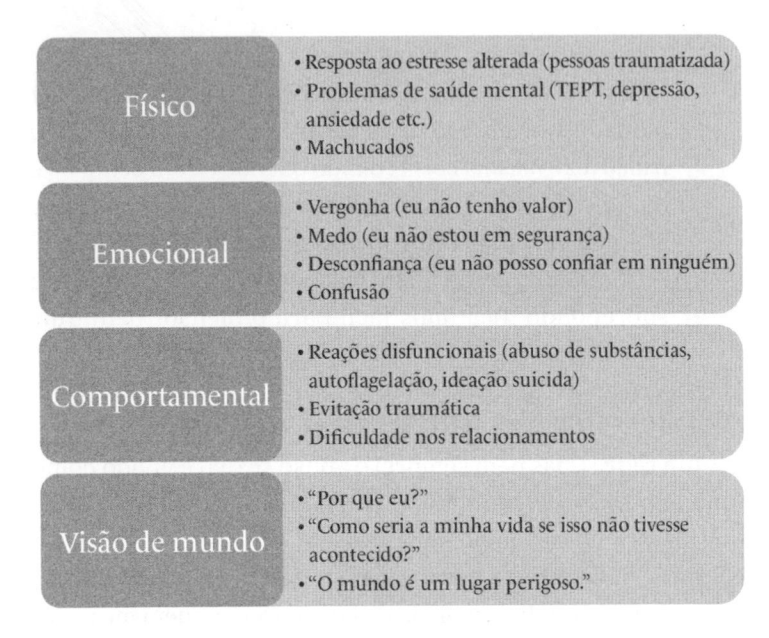

Físico	• Resposta ao estresse alterada (pessoas traumatizada) • Problemas de saúde mental (TEPT, depressão, ansiedade etc.) • Machucados
Emocional	• Vergonha (eu não tenho valor) • Medo (eu não estou em segurança) • Desconfiança (eu não posso confiar em ninguém) • Confusão
Comportamental	• Reações disfuncionais (abuso de substâncias, autoflagelação, ideação suicida) • Evitação traumática • Dificuldade nos relacionamentos
Visão de mundo	• "Por que eu?" • "Como seria a minha vida se isso não tivesse acontecido?" • "O mundo é um lugar perigoso."

A vítima empenha todos os esforços para que o trauma não volte à tona, razão pela qual muitos sobreviventes recorrem ao álcool, drogas, sexo e/ou violência. Contudo, apesar dessas estratégias, lembranças do trauma inundam os sentidos da vítima: certas imagens, sons, cheiros, gostos e toques fazem o sobrevivente voltar ao tempo do trauma. A violência reaparece durante o dia através dos sentidos e à noite em pesadelos. Presas para sempre no trauma, as vítimas de abuso sexual frequentemente desenvolvem problemas de saúde mental como transtorno do estresse pós-traumático (TEPT), depressão, ansiedade e transtorno dissociativo de identidade.

Muitas vezes o abuso sexual é visto pelas vítimas como algo vergonhoso. As sobreviventes com frequência culpam a si mesmas, mesmo se o ofensor e a sociedade não as culparem. Eu (Judah) muitas vezes me valho dos estudos da pesquisadora Brené Brown para explicar a culpa. Ela afirma que a culpa faz com que acreditemos que nossa identidade profunda é "má" ou indigna de conexões humanas.[9] Além disso, como a maioria dos abusos sexuais são perpetrados por um conhecido da vítima, fica difícil para a vítima confiar em alguém depois disso. Por que confiaria? Se aqueles que deveriam amar e cuidar de mim são os mesmos que me fizeram o maior mal, é difícil ter uma visão positiva dos relacionamentos ou mesmo do mundo. O trauma cria problemas relacionais, pois as vítimas se sentem constantemente em risco.

Neste capítulo, definimos os termos "abuso sexual", "vítima" e "ofensor". O ciclo do abuso sexual nos ajudou a explicar que a violação é uma escolha motivada pelos pensamentos, sentimentos, comportamentos, experiências e pelo contexto do ofensor. Explicamos algumas das consequências traumáticas do abuso sexual no tocante à vítima. No próximo capítulo explicaremos a justiça restaurativa como estrutura a fim de desenvolver os capítulos seguintes, que mostram como ela pode ser usada para ajudar vítimas, ofensores e comunidades a encontrar esperança em meio ao trauma.

3

JUSTIÇA RESTAURATIVA

Justiça restaurativa é, em primeiro lugar, uma estrutura para tratar e prevenir danos e males. Como filosofia, busca ir além da punição para reconhecer que, quando transgressões acontecem, os indivíduos e os relacionamentos são os mais afetados. Regras e leis são importantes, e o desejo de vindicação que sentimos quando sofremos uma injustiça precisa ser reconhecido. Contudo, recuperar os seres humanos, os relacionamentos e as comunidades é o foco primário da justiça restaurativa.

Quando Mark Yantzi, um jovem oficial de condicional de Kitchner, Ontário (Canadá) fez um grupo de jovens se encontrar com as vítimas de seu vandalismo, em 1974, o gesto suscitou algumas perguntas fundamentais sobre as práticas de justiça e as necessidades das pessoas afetadas pelo crime. No início dos anos 1980 Howard Zehr começou a articular os valores que alicerçariam esta abordagem. Em suas obras seminais, *Trocando as Lentes* e *Justiça Restaurativa*, Zehr sugere que, diante do crime e do mal, uma abordagem de justiça restaurativa coloca perguntas como as que seguem:

1. Quem foi prejudicado?
2. De que precisam?
3. Quem tem obrigação de suprir essas necessidades?

4. Quais foram as causas do ato lesivo?
5. Como envolver as pessoas relevantes para o caso a fim de tratar dessas necessidades e obrigações?
6. O que precisa ser feito para endireitar as coisas na medida do possível, inclusive tratando das causas do delito?

Desde aquela época a justiça restaurativa vem sendo implementada em muitas outras esferas além da justiça criminal, inclusive escolas, assistência à infância e nos ambientes de trabalho. Na prática, sempre envolve algum tipo de diálogo ou encontro entre as pessoas que foram prejudicadas, as que causaram o mal e os membros da comunidade. No entanto, alguns programas se concentram apenas nos ofensores, alguns somente nas vítimas e outros mais no desenvolvimento comunitário e na prevenção de crimes. As práticas da justiça restaurativa podem ser mais bem compreendidas como um contínuo de abordagens que implementam a estrutura de justiça restaurativa total ou parcialmente.

Zehr e outros especialistas em justiça restaurativa mais recentes reconhecem que as origens desta abordagem têm raízes muito mais profundas do que as experiências dos anos 1970. Quando falarmos do caso de Hollow Water, veremos fortes ligações entre o método indígena de justiça e aquilo que é apresentado como justiça restaurativa neste livro. O recente movimento de justiça restaurativa deve muito às comunidades indígenas de todo o mundo por manterem e estimularem práticas de justiça mais curativas que punitivas, e que oferecem uma visão mais holística, de base comunitária, para viver de modo mais saudável.

JUSTIÇA COMO ATENDIMENTO A NECESSIDADES

Em sua essência, a justiça restaurativa dirige as reações da justiça para aquilo que as pessoas precisam depois de um crime ou dano. Neste caso, a justiça é mais bem compreendida como o atendimento das necessidades das vítimas, ofensores e comunidades, com vistas à recuperação e à cura. Ao utilizar as lentes da justiça restaurativa, pesquisadores e profissionais articulam um conjunto de necessidades comuns a cada um desses grupos. É claro que nem todas as necessidades são relevantes para todos os indivíduos. Por isso é importante escutar – e não impor nossa visão de justiça aos outros.

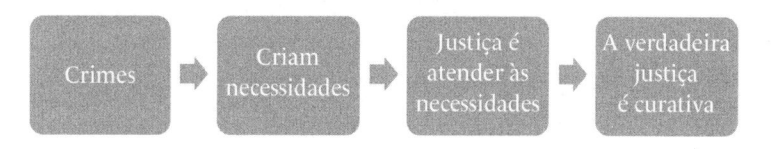

Crimes ▶ Criam necessidades ▶ Justiça é atender às necessidades ▶ A verdadeira justiça é curativa

DE QUE PRECISAM AS VÍTIMAS DE ABUSO SEXUAL?

Necessidade	Descrição
Segurança e cuidado	• É preciso que o abuso cesse antes que as vítimas diretas e indiretas consigam se recuperar. • A segurança física e emocional deve ser prioridade. • É preciso estabelecer relacionamentos de apoio seguros. Os cuidadores devem ser constantes, coerentes, autênticos e pacientes, o que permitirá às vítimas voltarem a confiar em alguém. • Em certos contextos, segurança significa separar o ofensor da vítima.
Que acreditem nelas, as absolvam e lhes deem razão.	• As pessoas raras vezes mentem sobre ter sofrido abuso sexual, principalmente as crianças. É importante dizer a elas: "Acredito em você". • Com frequência as vítimas se sentem culpadas, por mais infundada que seja essa percepção. É necessário dizer a elas: "Não foi culpa sua". • Dizer "O que fizeram a você é errado" mostra que o abuso sexual é algo errado e inaceitável.
Voz e empoderamento	• É preciso que a voz das vítimas seja ouvida. Deve-se oferecer um lugar seguro para que contem suas histórias. • O abuso sexual priva as vítimas de poder; é algo que elas não podem controlar. Permitir que gerem escolhas as ajuda a se recuperarem e a reconquistarem o controle sobre suas vidas.
Luto e expressão	• As vítimas precisam de um espaço para chorar suas dores. • Elas precisam explorar sua identidade, inclusive o impacto do crime na sua vida como ser sexual. • Com frequência, é importante expressar quais foram os impactos do crime – por vezes diretamente ao agressor.
Apoio e esclarecimento	• As vítimas precisam ter acesso à ajuda que possa aumentar sua resiliência. É importante reconhecer que a justiça restaurativa é apenas uma das camadas desse suporte; provavelmente outras serão necessárias para levar as vítimas à recuperação total. • O esclarecimento ajuda as pessoas a compreenderem que o transtorno do estresse pós-traumático é uma reação normal a um evento anormal. Não raro, quem passa por um abuso sexual sente que está "enlouquecendo". • Ganhar clareza a respeito do tema – por exemplo, se uma vítima masculina tem uma ereção e ejacula ou se uma vítima feminina tem um orgasmo durante o abuso, não significa que ele ou ela tenham "gostado" ou "desejado" o abuso.

Informação e opções	• Opções: que tipo de apoio está disponível? Em que este recurso pode ajudar? Respostas a perguntas da vítima (às vezes solicitadas ao ofensor). O que o ofensor está fazendo para impedir que a agressão volte a acontecer?
Responsabilização	• A permissão de errar, junto com o apoio para se restabelecer, é fundamental. Ao mesmo tempo, as vítimas talvez precisem ser questionadas sobre estratégias disfuncionais para lidar com o trauma: "Será que isto está de fato funcionando para você?".

QUAIS AS NECESSIDADES DAS PESSOAS QUE COMETERAM ABUSO SEXUAL?

A punição tão só não conseguirá tornar a comunidade mais segura. O Procurador-Geral da República dos Estados Unidos, Eric Holder, afirmou o seguinte em relação ao problema do tráfico de drogas, mas a reflexão se aplica também ao abuso sexual: "Não é possível pavimentar nosso caminho em direção a uma nação mais segura através do encarceramento".[10] Independentemente de nossas crenças sobre o que deveria ser feito com os abusadores – alguns gostariam da pena de morte, outros "de colocar todos numa ilha" –, o fato é que em algum momento eles cumprirão a pena, sairão da prisão e voltarão para suas respectivas comunidades. Isso significa que precisamos encontrar uma forma eficaz de trabalhar com eles. O desafio da vertente da justiça restaurativa para aqueles que cometeram crimes sexuais é equilibrar responsabilização e apoio.

- Para assumir a responsabilidade, de que necessita quem cometeu um crime sexual?
- Para se recuperar e mudar de comportamento, de que precisa quem cometeu um crime sexual?

Responsabilidade

Assumir a responsabilidade significa dar nome aos bois e explicitar o mal cometido ("Eu fiz tal coisa."); reconhecer o mal que resultou disso ("Em consequência, tais pessoas estão sofrendo de tal maneira..."); tentar fazer reparações ("Não permitirei que isto aconteça novamente, pois farei tal coisa..."); e procurar compensar as vítimas ou corrigir a situação na medida do possível ("Tentarei compensar fazendo tal coisa..."). A responsabilização é um processo, muitas vezes um caminho percorrido devagar, e passa pela negação e pela justificação.

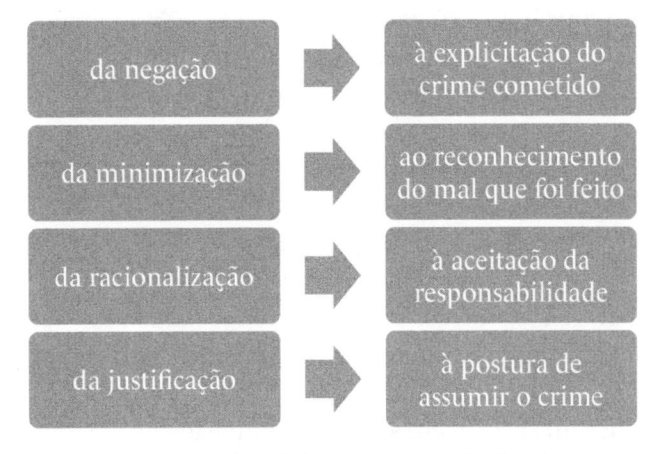

da negação	➡ à explicitação do crime cometido
da minimização	➡ ao reconhecimento do mal que foi feito
da racionalização	➡ à aceitação da responsabilidade
da justificação	➡ à postura de assumir o crime

Com se consegue isso? Os processos de justiça restaurativa são convites; ou seja, responsabilizam a pessoa num contexto de apoio. A esperança é a de que, quanto mais tratarmos dela com respeito, mais ela aprenderá a imitar esse exemplo. Não se trata de ingenuidade, nem minimização ou negação do crime. É somente tratar o criminoso com dignidade e respeito para que ele consiga encarar suas escolhas erradas e aprender a compreender os ciclos do crime para no futuro adotar planos que o impedirão de cometer novos delitos. A justiça restaurativa é prática, tem fundamento na realidade.

Abusadores sexuais muitas vezes precisam de supervisão constante e devem ser monitorados mais de perto. A justiça restaurativa pede limites claros, expectativas comportamentais e a difícil tarefa de assumir a responsabilidade. Em todo caso, a prioridade é sempre a segurança.

Apoio

Para cometer um crime sexual, é preciso que a pessoa esteja um tanto disfuncional. A justiça restaurativa parte do pressuposto de que esse tipo de violência não é natural. Seria uma doença? Um erro de raciocínio ou de julgamento? Uma repetição dos traumas infantis do ofensor? É importante que os abusadores tenham um espaço seguro para explorar essas questões. É bom que os programas de justiça restaurativa adotem uma lente esclarecida sobre o trauma para oferecer apoio nesta fase. Quem foi traumatizado, em geral se relaciona com os outros de modo diferente do usual. Os relacionamentos passam a ser marcados por conflitos e violência devido à desconfiança ou à falta de maturidade emocional. Muitos abusadores têm histórico de trauma infantil. Um contexto de apoio dá espaço para a cura e também para a responsabilização.

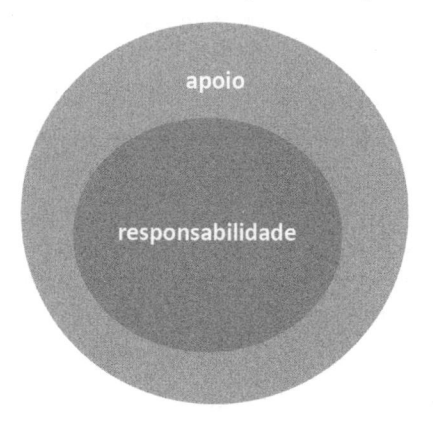

Encarcerar

A justiça restaurativa não é infalível. Muitos criminosos sexuais não estão à altura do desafio de assumir a responsabilidade e, portanto, oferecem risco para si e para os outros. O sistema de justiça criminal pode determinar o encarceramento. A justiça restaurativa não. Contudo, uma visão de justiça restaurativa ainda pode ser adotada para pessoas na prisão. Por exemplo, no livro *Justiça Restaurativa para Pessoas na Prisão*, Barb Toews conta como utilizá-la dentro dos contextos prisionais. A justiça restaurativa se preocupa com o aprisionamento. Será que esse tipo de pena produz dano psíquico ao prisioneiro tornando-o mais perigoso, ou será que o tempo de prisão promove reabilitação e interconexão? Como sociedade, devemos nos responsabilizar por nossas intervenções – será que elas estimulam a responsabilidade ou constituem simplesmente mais uma violência?

Acreditar

No cerne da justiça restaurativa está a convicção de que os seres humanos têm a capacidade de mudar. Assim como conseguem infligir um mal tremendo, também têm a capacidade de se transformar. Muitas vezes os ofensores e as pessoas próximas desistem. Mas a abordagem restaurativa acredita na possibilidade de estabelecer relacionamentos não violentos. Essa mudança requer um lugar seguro para que os ofensores manifestem sua vulnerabilidade, compreendam a si mesmos e também o mal que cometeram. Brené Brown mostra que a vulnerabilidade leva as pessoas para longe da vergonha e na direção da empatia.[11] Quanto mais empatia alguém sente, menos provável é que cause danos a outros no futuro.

Parceria

Quem cometeu crimes sexuais precisa que as comunidades e os profissionais da justiça se comuniquem. O abuso sexual acontece em segredo, mas a responsabilização dos ofensores deve ser comunicada. É importante que os profissionais de justiça restaurativa conversem regularmente com os profissionais de justiça criminal e terapeutas. As etapas de responsabilizar, apoiar, encarcerar e acreditar não podem ser conquistadas em isolamento e sem a parceria entre os vários envolvidos.

DE QUE NECESSITAM AS COMUNIDADES?

As comunidades também são vítimas do abuso sexual. Por vezes é uma família que fica traumatizada pelas ações de um de seus membros. Pode ser uma comunidade religiosa, aterrorizada pelas revelações de abuso sexual perpetrado por um líder em quem confiavam. Outras vezes é um campus universitário alarmado pelo temor de novos ataques. As comunidades têm necessidades também, como as vítimas – de segurança, informação, voz, empoderamento e esclarecimento. Mas têm igualmente responsabilidades. O que podem fazer para eliminar as causas-raiz do abuso sexual? Como reagir ao abuso sexual de modo a evitar males futuros? Como dar apoio às vítimas e ofensores e, ao mesmo tempo, responsabilizar adequadamente o ofensor? A justiça é, sem dúvida, uma questão comunitária.

Princípios-chaves da justiça restaurativa para os casos de abuso sexual
1. Acredite na vítima.
2. Garanta segurança física e emocional para a vítima.
3. Crie oportunidades para as vítimas se restabelecerem: empoderamento através de escolhas.

4. Responsabilizar os ofensores dentro de um contexto de apoio. Nos casos em que eles não se responsabilizam, o isolamento e o aprisionamento são uma opção.
5. Estimular os ofensores a reconhecerem o mal que fizeram, a identificarem seu ciclo de abuso sexual, a trabalharem a empatia (a fim de compreender os impactos do abuso sexual) e a mudarem.
6. As necessidades dos membros da comunidade (que são também vítimas) devem ser identificadas e atendidas.
7. Identificar e tratar das obrigações dos membros da comunidade no tocante aos contextos que podem mudar para desestimular o abuso sexual.

Princípios-chaves de justiça restaurativa para evitar o abuso sexual
1. A justiça restaurativa acaba com o segredo do abuso sexual falando abertamente a respeito.
2. Deve-se construir relacionamentos de apoio saudáveis e responsáveis com vítimas, ofensores e comunidades, contribuindo assim para evitar a continuidade dos males.
3. As comunidades precisam assumir a resolução de conflitos e da violência.

Princípios-chaves para profissionais de justiça restaurativa
1. Ter um relacionamento colaborativo com outros profissionais é o caminho mais eficaz. Podem ser profissionais da justiça criminal ou terapeutas.
2. Estaremos mais bem equipados para lidar com casos de abuso sexual quando soubermos explicar que os crimes sexuais estão ligados ao patriarcado, sistema que perpetua a violência de gênero. Os homens são os perpetradores mais frequentes.

3. Estaremos mais bem equipados se estivermos bem informados sobre a mecânica do trauma.
4. Estaremos mais bem equipados quando compreendermos o ciclo do abuso sexual.
5. Os programas de justiça restaurativa nem sempre são o melhor ou mais completo modo de atender à necessidade de justiça. É preciso conhecer nossas limitações.

Em resumo, a justiça restaurativa é uma estrutura para tratar e prevenir o abuso sexual. Dessa perspectiva, primeiro atende às necessidades da vítima e, em segundo lugar, responsabiliza o ofensor dentro de um contexto de apoio. A comunidade mais ampla também deve ser contemplada.

Nos próximos capítulos, examinaremos alguns casos e depois teceremos algumas considerações para explicar como a justiça restaurativa pode ser aplicada especificamente para atender alguns dos interessados.

4

VÍTIMAS – UM ESTUDO DE CASO

A história que segue é um combinado de situações muito comuns, e reúne vários temas relacionados a experiências de vitimização sexual.

Brenda foi vítima de abuso sexual perpetrado por seu padrasto, Tony. Começou quando tinha oito anos de idade, pouco tempo depois de ele ter se mudado para a casa da família. Na maior parte das vezes acontecia quando sua mãe estava fora, trabalhando, mas também quando todos estavam dormindo. Olhando de fora, ninguém adivinharia que Tony era um abusador. Tinha fala mansa, era gentil e fazia muito trabalho comunitário. E na verdade também fazia muito por Brenda, ajudando-a com a lição de casa e treinando seu time de beisebol. Brenda tentou contar para sua mãe quando tinha dez anos, mas ela ficou furiosa, não acreditou na filha, e disse que jamais falasse coisas horríveis assim de novo. O mundo de Brenda virou do avesso, especialmente depois dessa tentativa frustrada de comunicação. Na escola, se tornou retraída. Começou a se automutilar, golpeando as pernas com a caneta até tirar sangue. Os professores pensavam que ela era um problema. Os pais de seus amigos achavam que ela era um problema. Ela também achava que era um problema.

> Quando Brenda fez treze anos de idade, seu padrasto a estuprou e ela ficou grávida. O aborto foi arranjado em segredo – aos médicos foi informado que ela tinha sido promíscua com garotos mais velhos. Aos quinze anos de idade Brenda finalmente conseguiu pôr um termo ao abuso sexual – mas só depois de fugir de casa. A essa altura, se drogava muito, tinha sido diagnosticada com transtorno bipolar e tentara o suicídio várias vezes. Aos vinte já tinha passado por uma série de namorados abusivos. Por fim, com a ajuda de uma amiga que acreditou na sua história de vitimização e a apoiou, Brenda começou a lidar com tudo o que tinha acontecido com ela e a se tratar.

Este relato é um exemplo bastante comum entre os sobreviventes de abuso sexual: manipulação, quebra de confiança e abuso por um membro da família, que conduzem a uma plêiade de problemas e rompem relacionamentos íntimos. Os padrões são semelhantes ao ciclo descrito anteriormente. Este capítulo explorará algumas opões que a justiça restaurativa oferece para reagir a essa situação, comparando-a às estratégias terapêuticas e jurídicas. Por fim, veremos exemplos de programas e encerraremos o capítulo com ênfase na necessidade de reações holísticas e multifacetadas.

TERAPIA, JUSTIÇA CRIMINAL E JUSTIÇA RESTAURATIVA

Os centros de apoio às vítimas de abuso sexual atuam há décadas oferecendo apoio a mulheres sobreviventes de abuso sexual e, recentemente, também a homens. É notável o apoio oferecido, em geral com um orçamento mínimo. Ali os sobreviventes recebem terapia em grupo e individual. Na sua maioria, esses centros de apoio também ajudam os sobreviventes a criar planos de segurança pessoal e oferecem assistência para os procedimentos legais. Os funcionários também fazem um trabalho de esclarecimento e conscientização a fim de combater mitos sociais que levam os sobreviventes a manterem segredo a respeito dos abusos. Outros profissionais e organizações, como psicólogos e clínicas, também oferecem serviços terapêuticos. A terapia pode atender a muitas necessidades das vítimas. No caso acima, Brenda provavelmente se beneficiaria de terapia, pois teria com quem falar. Nas palavras da especialista em trauma Judith Herman, é importante lembrar-se dos fatos, passar pelo luto e se reconectar.[12] Em geral é útil dar nome ao abuso e descrevê-lo, narrando toda a história. A oportunidade de sair da dor emocional e física – que pode levar a muito isolamento – e se ligar aos outros de maneira saudável é da maior importância. Os seres humanos são sociáveis por natureza e precisamos dos outros para sermos plenamente humanos. Muitas vezes os sobreviventes de abuso sexual carecem de espaço para imaginar como sua vida teria sido diferente se não tivessem sido abusados. Brenda precisa de espaço para sentir sua dor, pensar como deseja compreender e narrar essa parte de sua vida.

Os caminhos da justiça criminal também estão disponíveis às vítimas. Brenda pode fazer uma denúncia na polícia. Pode ter a esperança de que o tribunal reconheça suas experiências traumáticas. Quando o juiz decide que um homem ou uma mulher são culpados e profere uma sentença, ele oferece uma via para o reconhecimento da dor da vítima. Contudo, a justiça ocidental tem índices de prisão e condenação muito baixos para esse tipo de delito – em geral abaixo de 5%. A justiça formal se preocupa em levantar os fatos, em tentar provar a verdade – e o ofensor é considerado inocente até que se prove sua culpa. Eu (Judah) escutei uma sobrevivente de abuso sexual descrever sua experiência no tribunal da seguinte forma: "Somos mentirosas até que se prove a verdade". Quando o sistema de justiça criminal está envolvido, as vítimas perdem o controle sobre o caso. Depois de relatar sua história, Brenda talvez tenha muito pouca ingerência no processo. No sistema norte-americano, se o ofensor se declarar inocente, a vítima será inquirida pelo advogado do ofensor na tentativa de desacreditar sua história.

Brenda pode também recorrer à polícia se estiver preocupada que o ofensor abuse de outros. Ela gostaria de impedi-lo de continuar abusando de outras pessoas. Embora não seja sua responsabilidade, muitas vítimas carregam esse peso nos ombros. No fundo, querem garantir que o que lhes aconteceu não acontecerá a mais ninguém. Quando o único mecanismo para atingir esse fim parece ser o aprisionamento, o sobrevivente recorre ao sistema de justiça criminal, mesmo quando sente certa ambivalência em relação ao perpetrador (por exemplo, se não quer que ele sofra como ela sofreu). Ainda que os índices de condenação sejam baixos, e as vítimas muitas vezes relatem que foram vitimizadas novamente pelo processo (por exemplo, nos interrogatórios), algumas de fato sentem que obtiveram justiça pelo sistema criminal.

JUSTIÇA RESTAURATIVA E AS VÍTIMAS DE ABUSO SEXUAL

Os profissionais de justiça restaurativa criaram vários tipos de programa para oferecer apoio aos sobreviventes. Alguns são baseados em encontros: oportunidades, quando apropriado, para facilitar diálogos entre vítimas, ofensores e membros da comunidade. Outros têm como centro o apoio: concentram-se especificamente em atender às necessidades das vítimas tendo em vista seu restabelecimento. Qualquer que seja o programa, é importante lembrar que a justiça restaurativa é basicamente uma estrutura. Os princípios do capítulo anterior, junto com a compreensão das necessidades que em geral as vítimas têm, podem servir de guia para o trabalho com elas.

NECESSIDADES QUE O DIÁLOGO DE JUSTIÇA RESTAURATIVA PODE ATENDER

Uma das opções é o diálogo de justiça restaurativa caracterizado pelo encontro presencial entre vítima e ofensor com a ajuda de um facilitador. Por vezes a vítima quer que o ofensor entenda o quanto sua vida foi afetada. Outras vezes ela tem perguntas ou quer descobrir se o ofensor se arrependeu. O diálogo de justiça restaurativa pode preencher a lacuna deixada pela terapia e pela justiça criminal oferecendo a oportunidade (se apropriado) de facilitar um diálogo entre vítima e ofensor.

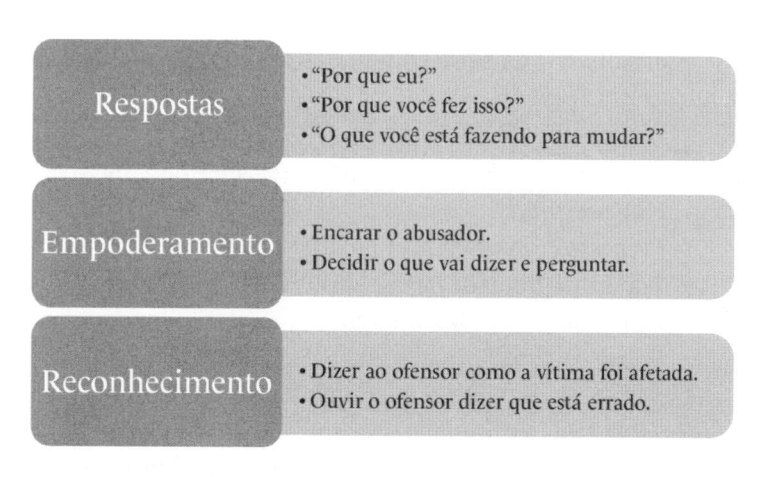

Respostas	• "Por que eu?" • "Por que você fez isso?" • "O que você está fazendo para mudar?"
Empoderamento	• Encarar o abusador. • Decidir o que vai dizer e perguntar.
Reconhecimento	• Dizer ao ofensor como a vítima foi afetada. • Ouvir o ofensor dizer que está errado.

Passar pelo diálogo de justiça restaurativa pode ser empoderador para a vítima. Contudo, é preciso muita coragem para encarar frente a frente alguém que causou tanta dor. Por isso, há um longo trabalho de preparação a ser realizado pelos facilitadores de justiça restaurativa, tanto com a vítima quanto com o ofensor (e pessoas de apoio) a fim de garantir que o diálogo seja positivo. Os facilitadores precisam não apenas de conhecimentos sobre trauma, precisam também trabalhar em conjunto. No mínimo, devem se reportar à sua equipe, se não estiverem trabalhando em parceria com outros prestadores de serviços, como terapeutas e profissionais de justiça criminal. Por essa razão, muitos programas de diálogo de justiça restaurativa utilizam ao menos dois cofacilitadores. Lorraine Stutzman Amstutz descreve o longo trabalho preparatório para o processo de diálogo em seu livro *Encontros Vítima-Ofensor*. Algumas das preocupações são: segurança, as pessoas de apoio, questões de saúde mental, ideação suicida, vícios, cultura, motivações para participar, esperanças quanto aos resultados do diálogo etc.

Outros livros da série tratam das opções de encontro de justiça restaurativa:

- *Conferências de Grupos Familiares*, de Allan MacRae e Howard Zehr;
- *Processos Circulares de Construção de Paz*, de Kay Pranis;
- *The Little Book of Restorative Justice for Colleges and Universities*, de David Karp.

Um exemplo de programa de diálogo vítima-ofensor é o Restorative Opportunities da Restorative Justice Division da Correctional Service Canada. Esse programa oferece oportunidades para contato seguro e facilitado entre vítimas e ofensores sentenciados em nível federal (com penas de reclusão maiores de dois anos). O contato pode ser uma troca de cartas, a mediação não presencial (quando o mediador visita a vítima e o ofensor alternadamente), ou por vídeo, ou mesmo a conversa presencial. Todos são mediados por facilitadores altamente treinados que fazem um extenso trabalho de avaliação e triagem a fim de definir se o processo é adequado para o caso.

Restorative Opportunities, Correctional Service Canada

Descrição do programa: "Oferece às pessoas que foram direta ou indiretamente prejudicadas por um crime a oportunidade de comunicar-se com quem causou esse mal. É um programa pós-sentenciamento, e a participação é voluntária para todos os envolvidos. O programa explora meios de utilizar vários modelos de mediação vítima-ofensor para melhor atender às necessidades dos participantes, da maneira que for definida por eles, e com a ajuda de um mediador profissional (...) As vítimas podem contar suas histórias, explicar ao ofensor os impactos físicos, emocionais e financeiros que sofreram, explorar questões sem resposta sobre o crime e o ofensor e participar diretamente do desenvolvimento de opções para tentar sanar os males cometidos, quando possível".

Em www.csc-scc.gc.ca/restorative-justice/003005-1000-eng.shtml

---

O diálogo de justiça restaurativa tem algumas limitações. Em primeiro lugar, é preciso que o perpetrador seja apreendido, algo que não é comum nos casos de abuso sexual. Em segundo lugar, nos programas de justiça restaurativa é preciso que o ofensor assuma algum grau de responsabilidade por seu comportamento. Nem todos os abusadores estão dispostos a se responsabilizar. Em terceiro lugar, na melhor das hipóteses, essa abordagem é limitada, pois nem sempre é apropriada ou possível.

JUSTIÇA RESTAURATIVA DE APOIO PARA VÍTIMAS DE ABUSO SEXUAL

Em vista dessas considerações, alguns programas de justiça restaurativa se concentram em oferecer estratégias de apoio aos sobreviventes. Um exemplo disso é o programa de apoio de pares da Community Justice Initiatives (CJI), de Kitchener, Canadá.

Survivor Program, Community Justice Initiatives (CJI) da região de Waterloo

Descrição do programa: Fundado em princípios de justiça restaurativa, o CJI oferece apoio de pares e grupos de esclarecimento para sobreviventes de abuso sexual. Os tópicos abordados nos programas de informação e esclarecimento incluem: autocuidado, identificação de emoções, imagem corporal e construção de relacionamentos saudáveis. Os grupos de apoio, facilitados por voluntários treinados que são membros da comunidade, oferecem um ambiente seguro onde os sobreviventes podem cuidar uns dos outros, reduzindo seu isolamento e partilhando os desafios comuns aos sobreviventes de abuso sexual.

Em www.cjiwr.com

PESQUISAS SOBRE JUSTIÇA RESTAURATIVA E VÍTIMAS DE ABUSO SEXUAL

Não raro os programas de justiça restaurativa relutam em aceitar casos de abuso sexual e/ou violência doméstica por questões de segurança, revitimização etc. Com vistas a expandir as opções para essas vítimas e a atender seus pedidos de alternativas seguras à terapia e ao processo judicial, alguns programas têm oferecido programas de suporte para tais vítimas. As pesquisas sobre esse assunto são ainda incipientes,

- mas alguns estudos já identificam a justiça restaurativa como uma prática promissora.

- Um estudo conduzido por Kathleen Daly levantou 400 casos de violência sexual perpetrada por jovens australianos e comparou os resultados dos que foram tratados na justiça criminal e dos que passaram pela justiça restaurativa.[13] O estudo concluiu que as vítimas ficaram menos expostas à revitimização no processo restaurativo, pois os ofensores admitiam sua culpa, assumindo a responsabilidade e sendo encaminhados para tratamento. Os ofensores que passaram pelo processo de Conferência de Grupos Familiares também tinham menos probabilidade de voltar a cometer o mesmo crime.

- Um estudo conduzido por Clare McGlynn, Nicole Westmarland e Nikki Godden baseou-se no estudo de caso de um diálogo entre uma sobrevivente de abuso sexual e seu violador para explorar a possibilidade de a justiça restaurativa atender às necessidades da vítima.[14] As autoras sugerem que tais possibilidades existem pois, com adequada preparação, as vítimas conseguem se expressar do modo como desejam, conseguem fazer perguntas importantes para elas, sua vivência é respeitada e elas recuperam algum poder pessoal.

- Estudos sobre a satisfação das vítimas depois de participar do processo de justiça restaurativa mostram que esta tem melhor desempenho do que a justiça criminal na maioria das vezes. Um estudo conduzido por Tinneke Van Camp e Jo-Anne Wemmers revelou que as vítimas muitas vezes ficam satisfeitas porque veem a justiça restaurativa como um processo justo: elas são ouvidas, recebem retorno sobre o andamento do processo e os mediadores são imparciais e dignos de confiança.[15]

As pesquisas comprovam que são necessárias intervenções que:

1. respeitem e reconheçam o sofrimento pelo qual as vítimas passaram;
2. empoderem as vítimas para que controlem o modo como explicitarão sua experiência;
3. promovam responsabilização dos ofensores.

Os estudos também identificam preocupações que deveriam ser levadas em conta pela justiça restaurativa:

1. A segurança das vítimas está sendo adequadamente levada em consideração (inclusive os desequilíbrios de poder)?
2. Será que a justiça restaurativa corre o risco de tornar a violência sexual uma questão menos legal/criminal quando devolve a questão para ser resolvida pela comunidade (ou seja, tornando a violência de gênero algo da esfera privada)?

Em resumo, a estrutura de justiça restaurativa expande as opções disponíveis para vítimas de abuso sexual a fim de que desfrutem de alguma forma de justiça. Além disso, suas necessidades são priorizadas. Na prática, os programas de justiça restaurativa têm oferecido processos de diálogo. Em boa parte isto é resultado dos pedidos das vítimas que desejam apoio para falar com os outros sobre suas experiências traumáticas, por vezes incluindo o abusador. No próximo capítulo falaremos sobre as pessoas que cometeram crimes sexuais.

OFENSORES – UM ESTUDO DE CASO

Michael estava na defensiva quando foi preso por tentar contratar serviços sexuais de um menor de idade, alegando que era a primeira vez que se envolvia nesse tipo de atividade. *Embora admitisse que já tinha visto pornografia infantil na internet algumas vezes, afirmou que nunca tinha tomado medidas concretas para realizar suas fantasias. Depois de cinco anos, e tendo cumprido uma pena de três anos de reclusão, Michael acredita que suas ações foram resultado dos abusos sofridos na infância, quando foi violado por um membro da família. No entanto, reconhece que isso não é desculpa para o abuso que ele mesmo cometeu. Admite que fez escolhas equivocadas e reconhece que pagará por isso o resto de sua vida, pois está no cadastro de pessoas que cometeram abusos sexuais. Nas suas próprias palavras, nossa sociedade o vê como "um leproso dos tempos modernos". Ele agora precisa reconquistar a confiança daqueles que escolheram se envolver com ele nesta nova fase para mantê-lo responsável.*

Segundo o centro nacional de crianças desaparecidas e exploradas dos Estados Unidos, há 747 mil abusadores sexuais registrados nos Estados Unidos e 16.295 no Canadá.[16] Muitos voltarão às suas comunidades depois de saírem da prisão. Infelizmente, nem todos terão um grupo de apoio que diariamente os lembre de sua responsabilidade. Dada a repulsa que nossa sociedade sente por aqueles que cometeram crimes sexuais, os ofensores são intencionalmente isolados por leis que pretendem reduzir o risco para a comunidade. Alguns abusadores são proibidos por lei de viver perto de escolas, creches e parques. Algumas cidades incluem nessa lista as piscinas, paradas de ônibus, bibliotecas e outros lugares onde as crianças costumam estar desacompanhadas. Há algum mérito em restringir o acesso dos abusadores sexuais às crianças, contudo, a consequência indesejada dessas leis é que as medidas podem aumentar os fatores de estresse para quem está tentando encontrar formas de viver bem na comunidade. Ao aumentar o isolamento e a vergonha já existentes, a sociedade pode estar contribuindo com fatores que sabidamente influenciam a reincidência.

O juiz Dennis Challeen resumiu nossa atitude para com os ofensores da seguinte maneira:

> Queremos que tenham valor...
> *No entanto destruímos sua autoestima.*
> Queremos que sejam responsáveis...
> *No entanto os privamos de toda a responsabilidade.*
> Queremos que sejam parte da comunidade...
> *No entanto os isolamos da comunidade.*
> Queremos que sejam positivos e construtivos...
> *No entanto os degradamos e os tornamos inúteis.*
> Queremos que sejam dignos de confiança...
> *No entanto os colocamos onde não há confiança.*
> Queremos que sejam não violentos...
> *No entanto os colocamos num lugar onde reina a violência.*
> Queremos que sejam gentis e amorosos com as pessoas...
> *No entanto os sujeitamos ao ódio e à crueldade.*

Queremos que deixem de ser valentões...
  No entanto os colocamos no lugar onde só os valentões são respeitados.
  Queremos que parem de andar com os fracassados...
  No entanto colocamos todos os fracassados sob o mesmo teto.
  Queremos que parem de explorar os outros...
  No entanto os colocamos no lugar onde exploram uns aos outros.
  Queremos que assumam o governo de sua vida, resolvam seus problemas, não sejam parasitas...
  No entanto os colocamos num local onde dependem inteiramente de nós.[17]

ONDE MORA A ESPERANÇA?

A esperança é o sentimento de que aquilo que queremos pode ser alcançado ou de que o desfecho dos acontecimentos será bom. Sabemos que a esperança é motivação para avançar de modo saudável, assumir responsabilidade pelo nosso comportamento, envolver-nos de modo benéfico com nosso ambiente. Quando as pessoas são lembradas pela pior coisa que fizeram na vida, ao invés de pela sua melhor contribuição, é difícil manter a esperança. A título de ilustração, vejamos o estudo conduzido pelo Dr. Martin Seligman, da equipe de natação de Berkeley, entre nadadores classificados como "otimistas" ou "pessimistas". Ele marcou o tempo desses nadadores no primeiro tiro e depois disse a todos eles que tinham feito um tempo inferior ao que de fato tinham conseguido. No segundo tiro, os otimistas nadaram mais rápido, e o segundo grupo, os pessimistas nadaram mais devagar.[18] Como criar otimismo naqueles que continuamente isolamos e degradamos? Se de fato acreditamos que nosso objetivo é não ter mais vítimas, então precisamos não apenas esperar que as pessoas mudem de comportamento, mas também criar vias para aumentar a esperança daqueles que cometeram crimes.

Dadas as dificuldades enfrentadas pelos autores de crimes sexuais na reintegração à sociedade, bem como as preocupações da população, como trabalhar nesses casos de modo a incluir responsabilização e apoio para os ofensores e seus familiares?

REINTEGRAÇÃO DE OFENSORES

O tratamento de abusadores é cercado de controvérsias. Mas muitos concordam que o desafio é que não há uma receita que sirva para todos. Os autores de abuso sexual não são um grupo homogêneo e o tratamento precisa ser sob medida para as necessidades específicas de cada indivíduo e suas motivações para se comportar de modo danoso. Nem todos têm risco alto de reincidir. À medida que avançam nossos conhecimentos, isso permite identificar mais precisamente os fatores que aumentam a probabilidade de cometer novos abusos e, portanto, cresce a eficácia das medidas preventivas e tratamentos.

Ao considerarmos os valores e princípios da justiça restaurativa, fica claro que os tratamentos valiosos são aqueles que buscam um equilíbrio entre os aspectos emocionais, mentais, físicos, sociais e espirituais da pessoa. Reconhecendo que estas facetas estão interligadas, somos levados a investir nas qualidades do indivíduo – e não apenas nos aspectos negativos de seu comportamento.

> Quando nos sentimos ligados aos outros e percebemos o valor de nossa presença, é mais fácil realizarmos nosso pleno potencial.

A Miracle Village foi fundada em Palm Beach County, na Flórida, pelo finado pastor Dick Witherow quando ele percebeu a dificuldade que os abusadores tinham ao tentar encontrar um lugar onde morar quando saíam da cadeia. Cerca de 200 pessoas vivem nessa vila, que fica acerca de um quilômetro da cidade mais próxima. Mais de 100 cometeram abuso sexual. Como qualquer outra comunidade, eles são preocupados com segurança e prevenção. Embora seja uma comunidade cristã, os não cristãos são bem-vindos. Há estudos bíblicos e cursos para aprender a lidar com a raiva, e a maioria dos abusadores frequenta programas de tratamento. São monitorados semanalmente por um detetive da unidade de rastreamento de predadores e criminosos sexuais, pois vivem e trabalham em comunidade.[19]

Em 1994 o Mennonite Central Committee do Canadá desenvolveu o programa Circles of Support and Accountability – COSA [Círculos de Apoio e Responsabilização] – para ajudar comunidades a reagirem à soltura de criminosos sexuais de alto risco. Tais ofensores voltavam para suas comunidades sem nenhum apoio, nem exigências de responsabilização, nem supervisão pelo Correctional Service Canada – CSC [Serviço Correcional do Canadá]. A capelania do CSC apoia esse programa e oferece de quatro a sete voluntários que se comprometem a se encontrar amiúde com os abusadores que foram libertados e a dar apoio a eles. A missão do COSA é "reduzir substancialmente o risco de vitimização sexual de membros da comunidade através da assistência a indivíduos egressos da prisão que devem se reintegrar à comunidade e levar uma vida responsável e produtiva, prestando contas de seus atos."[20]

Para o desempenho desta missão, os valores centrais do COSA são:

- A comunidade é responsável pela recuperação segura e pela cura das vítimas e também pela reintrodução social segura dos ofensores liberados da prisão.
- Acreditamos num Criador amoroso e reconciliador que nos chama a sermos agentes de sua obra de cura (os COSA são em geral programas religiosos).
- Reconhecemos a dor continuada das vítimas e sobreviventes do abuso e violência sexual, bem como sua necessidade de cura.
- Procuramos "recriar comunidades" de modo responsável, seguro, saudável e de maneiras que promovam a vida, incluindo pessoas que cometeram abusos sexuais.
- Aceitamos o desafio da hospitalidade radical, partilhando nossa vida com os outros em comunidade e assumindo os riscos a serviço do amor.[21]

Os princípios de justiça restaurativa alicerçam o trabalho do COSA. Os voluntários se comprometem a se encontrar ao menos uma vez por semana com o "membro essencial" (um termo que identifica o ofensor de modo a criar menos estigmatização), e podem se encontrar todo dia se necessário, especialmente logo que ele/ela sai da prisão. Nos Estados Unidos, um dos programas do COSA mantido por uma pastora menonita, Clare Ann Ruth-Heffelbower, ganhou um prêmio de 290 mil dólares do Departamento Correcional e de Reabilitação da Califórnia. Ela afirma que "o sucesso do COSA é a simplicidade. Ele segue dois princípios básicos: 'nada de vítimas' e 'ninguém é dispensável'".[22] A simplicidade não é fácil, mas, ao compreender que a comunidade assume a responsabilidade por seus membros em vez de relegar a tarefa a "outros", o investimento que se faz na vida das pessoas torna a comunidade um lugar mais seguro e saudável de viver.

PESQUISA SOBRE CÍRCULOS DE APOIO E RESPONSABILIZAÇÃO

Há um crescente corpo de pesquisas sobre a eficácia dos COSA. Os estudos indicam que os membros da comunidade se sentem mais seguros sabendo que os ofensores de alto risco estão recebendo apoio adequado e se conectando a pessoas de modo apropriado. Os COSA estão ajudando as comunidades a se tranquilizarem e também reduziram drasticamente a reincidência.

- Um estudo longitudinal conduzido por Robin Wilson, Janice Picheca e Michelle Prinzo revelou que os autores de crimes sexuais que participaram do COSA tinham uma probabilidade 70% menor de reincidir quando comparados ao grupo de controle (outros infratores que não participavam do COSA).[23]
- Pergunta-se sempre: "Por que isto funciona tão bem?". Mechtild Höing, Stefan Bogaerts, Bas Vogelvang e outros pesquisadores respondem salientando o princípio fundante da inclusão.[24] Quanto mais as pessoas se sentem incluídas, maior a probabilidade de viverem de modo pró-social.

Portanto, as pesquisas continuam a reforçar uma das premissas da justiça restaurativa; a de que a responsabilidade acontece na sua melhor forma num contexto de apoio. Nada disso minimiza a importância nem a realidade do mal sofrido pelas vítimas. Significa apenas que intervenções eficazes, nas palavras do pesquisador Alan Jenkins, que trabalhou muitos anos com abusadores, devem oferecer "um caminho seguro" para aqueles que causaram danos.[25] Além disso, alimentar a esperança também inclui a esperança de que os ofensores cumpram suas obrigações e assumam suas responsabilidades diante das vítimas e da comunidade.

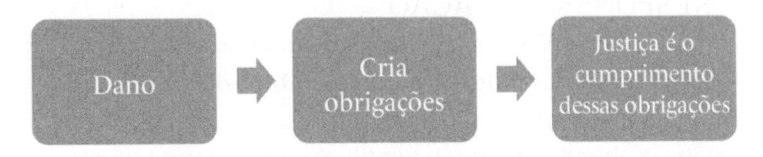

RESPONSABILIDADE

Dano ▶ Cria obrigações ▶ Justiça é o cumprimento dessas obrigações

A estrutura da justiça restaurativa vê a responsabilização como algo mais do que simplesmente "cumprir a pena". Alguns ofensores devem ser encarcerados. Contudo, se a punição for a única ferramenta para lidar com as pessoas que causaram abuso sexual, então estaremos diminuindo sua responsabilidade.

A seguir elencamos algumas características da responsabilidade:

- A justiça restaurativa estimula a **empatia**. O ofensor deveria tentar compreender de que modo suas ações prejudicaram pessoas e relacionamentos.
- A justiça restaurativa não se satisfaz com o status quo: os ofensores devem tomar medidas concretas para **mudar**. Por que praticam atos de violência sexual? O que precisa mudar em seu pensamento, comportamento e circunstâncias?
- A justiça restaurativa preza a **segurança** comunitária. Alguns ofensores têm mais preocupação com o impacto da denúncia do que em sentirem remorso. O programa COSA reorganiza essa realidade. Tais ofensores às vezes precisam ficar isolados, ou precisam de monitoramento mais próximo, supervisão e encontros regulares com membros da comunidade. Isso exige trabalho em equipe com profissionais da justiça criminal.

- A justiça restaurativa se preocupa com as **obrigações**. Depois que alguém escolhe cometer uma violência sexual, ele não necessariamente deve ter os mesmos direitos dos outros membros da comunidade. Se o ofensor tiver mais foco nos seus "direitos" do que nas suas "responsabilidades", os profissionais de justiça restaurativa devem ficar preocupados. Os ofensores devem desenvolver a empatia, mudar e viver de modo saudável.

Este capítulo tratou mais da esperança do que da responsabilização. Contudo, como exposto no Capítulo 3, o princípio é que a responsabilização assume sua melhor forma num contexto de apoio. Por um lado, a primeira responsabilidade do ofensor é de fato assumir o que fez. Por outro lado, sempre que possível, a estrutura da justiça restaurativa estimula a comunidade a apoiar o ofensor nessa tarefa. Isso pode ser difícil, pois as comunidades também são vitimizadas pelas escolhas perniciosas do ofensor, mas discutiremos essa questão mais adiante.

COMUNIDADES – UM ESTUDO DE CASO

Sarah era membro da igreja fazia muitos anos. Seu filho de dezenove contou-lhe que tinha sido abusado sexualmente alguns anos antes pelo pastor que cuidava do grupo de jovens, e que ainda exercia essa mesma função na igreja. Sarah passou mal ao saber dos fatos. Mas ficou orgulhosa, pois seu filho teve a coragem de contar a ela o que tinha acontecido. Com a permissão dele, decidiu revelar os fatos a um dos líderes da igreja, pessoa em quem confiava.

Infelizmente, não acreditaram na sua história. Depois de contar a uma outra liderança dentro da igreja, teve de ouvir uma lista de motivos pelos quais ela – e seu filho – teriam se enganado. Sarah foi silenciada. O pastor dos jovens pôde continuar nas mesmas funções. Sarah abandonou a igreja, sem saber se algum dia conseguiria se sentir à vontade em alguma comunidade de fé. Seu filho tinha sido abusado, sua confiança traída e sua voz silenciada – e não havia como fazer justiça.

Alguns anos mais tarde, foi convidada por um amigo muito chegado a frequentar outra congregação. Com relutância, concordou. Em certa ocasião, num encontro de poucos amigos na casa de um deles, Sarah contou o que tinha acontecido na outra igreja. Esse pequeno grupo de amigos acreditou na sua história e concordou que ela tinha sido injustiçada. Sarah se sentiu ouvida pela primeira vez.

Dois anos mais tarde, os membros da igreja souberam que um de seus líderes atuais havia sido indiciado (e depois condenado) por abuso sexual. A comunidade ficou chocada e confusa, e Sarah começou a reviver alguns dos sentimentos de antigamente. Decidiu parar de frequentar a igreja. Contudo, antes de fazê-lo, recebeu o telefonema de um dos mais velhos da igreja, um convite para um encontro de justiça restaurativa. A igreja, tendo reconhecido a situação de crise, foi proativa e buscou a ajuda de profissionais. Embora o homem indiciado não tivesse sido acusado de atacar ninguém dentro da própria igreja, os líderes reconheceram o impacto e as consequentes necessidades a serem atendidas.

Junto com outros da congregação, Sarah foi convidada – não obrigada – a participar dos encontros restaurativos. Foi algo inédito na vida dela. Dois facilitadores conduziram a reunião, com mais oito membros de sua igreja, inclusive um pastor mais velho e a esposa do homem que fora indiciado. Todos conseguiram partilhar sua visão dos fatos, discutir sobre suas necessidades e considerar meios de restaurar a comunidade. Ainda que o processo tenha sido muito difícil, através dele Sarah se sentiu respeitada. Ela teve a liberdade de se expressar com honestidade. Também pôde ouvir a perspectiva dos outros, inclusive pontos de vista que nunca tinha imaginado, como o da esposa do homem que foi condenado.

Por fim, o processo lhe permitiu continuar na igreja, a despeito da dor e do desarranjo à sua volta. Ela se sentiu ligada ao invés de isolada e quis se comprometer ao invés de se desligar. O grupo tinha direção e algumas ideias de como seguir adiante. Agora, seis anos depois, Sarah é membro de uma igreja que cresce de modo saudável.

CUIDAR DA COMUNIDADE

Infelizmente a história de Sarah é bastante comum. Representa bem as muitas organizações de base comunitária que sofrem o impacto do abuso sexual. Também evidencia as muitas pessoas que são abandonadas à própria sorte, feridas e desconectadas por causa do modo como os seus líderes escolhem lidar com a situação. Em inúmeros casos as organizações não estão preparadas para lidar com a dor e a disfuncionalidade. Como resultado, relatos de abuso sexual são desacreditados ou tratados de um modo que deixa a desejar. Contudo, tais fracassos não definem a totalidade das situações. Como vimos no final da história de Sarah, os impactos do abuso sexual podem criar oportunidades para resiliência e crescimento. A história dela e de outros aponta para uma realidade: as organizações de base comunitária, inclusive igrejas, podem sobreviver aos impactos do crime sexual. Muitas já o fizeram.

Este capítulo tratará desta questão: "Como uma organização comunitária pode lidar com o abuso sexual praticado em seu meio?" As ideias apresentadas procuram explicar a necessidade de cuidar dos membros da comunidade depois de um episódio de abuso sexual. Trataremos dos impactos mais comuns e as necessidades das organizações, incluindo algumas sugestões para lidar com essas situações.

IMPACTOS COMUNS E RESPOSTAS SUGERIDAS

Ao refletir sobre o impacto do abuso sexual em organizações comunitárias, é importante lembrar que cada indivíduo reagirá no âmbito pessoal. Por esse motivo, é vital compreender as reações comuns do corpo humano ao trauma a fim de entender a reação coletiva da organização. Partindo dos conhecimentos do campo do trauma psicossocial, sabemos que os crimes sexuais são amiúde "traumatogênicos", ou seja, provocam traumas. O que muita gente não percebe é que o efeito propagador do trauma chega bem mais longe do que as vítimas diretas, afetando inclusive pessoas do círculo mais amplo de relações.

Em *Trauma and Recovery*, Judith Herman explica que os eventos traumatogênicos muitas vezes destroem, ou rompem, nosso sentido de realidade normal, deixando-nos com necessidades que não tínhamos antes do evento traumático.[26] Isso se aplica também ao âmbito comunitário. Como na história narrada acima, é especialmente traumático quando alguém em posição de autoridade e confiança nos faz mal. As pessoas começam a se questionar: "Como ele ou ela puderam fazer isto?" Necessidades comuns para a recuperação da comunidade são segurança, reconstrução de sentido e religação. Quando o trauma atinge uma organização, é vital para a saúde comunitária que se aja proativamente para criar um sistema de cuidado para seus membros. Não se consegue isso sem dar nome aos males cometidos.

> **Vergonha**
> A vergonha leva ao segredo. É importante que a organização reconheça o abuso sexual como algo inadequado e pernicioso. As necessidades das vítimas devem ser priorizadas. Isso começará a restabelecer a segurança.

A vergonha é uma reação comum ao abuso sexual dentro da comunidade. O constrangimento pode ser sentido individual e coletivamente e é vivenciado muitas vezes como perda de respeito, dignidade ou autoestima. Infelizmente, em muitos casos, a vergonha gera o segredo. Vimos isso na reação dos mais velhos na primeira igreja de Sarah.

O Dr. James Gilligan explica por que isso acontece ao observar que "nada é mais vergonhoso do que sentir-se envergonhado".[27] A vergonha traz consigo a perda da honra, do status e do respeito e a desintegração da identidade. Isso, por sua vez, produz a necessidade de encobrir, esconder e manter secretos os fatos. A vergonha é uma das razões pela qual as vítimas de violência sexual podem silenciar sobre o abuso durante anos – ou por toda a vida – e muitas organizações têm a tendência de escondê-lo ao invés de denunciar. Portanto, a vergonha é um dos impactos do abuso sexual que ajuda a perpetuar comportamentos disfuncionais. A tragédia é que esse segredo permite aos ofensores fazer mais vítimas. Quando as histórias destas não são reconhecidas, elas sofrem um novo trauma.

As comunidades devem denunciar o abuso sexual como algo inapropriado e danoso. Isso é respeitar as vítimas (cujas histórias são muitas vezes colocadas em dúvida) e também ajudar a restabelecer um senso de segurança na comunidade.

> **Perturbação**
> O abuso sexual solapa o significado de uma comunidade. As pessoas começam a se perguntar: Quem faria uma coisa dessas? Em quem podemos confiar? Se esta é uma comunidade de fé, como Deus pode permitir que isso aconteça? Oportunidades **para fazer essas perguntas** ajudam a reconstruir um senso de significado.

De maneira semelhante aos indivíduos, também as comunidades lutam para encontrar significado quando ocorre violência sexual. O estado de perturbação ou perplexidade persiste. Os grupos se perguntam como alguém teria coragem de fazer isso com uma criança, um ser tão vulnerável. Por que coisas assim acontecem? Muitas vezes os pais temem pela segurança de seus filhos. Sempre que as pessoas têm a oportunidade de expressar sua dor e confusão, os grupos ganham capacidade de restaurar o sentido de sua existência.

> **Desconexão**
>
> Os membros do grupo terão reações diferentes diante do abuso sexual. Numa comunidade religiosa, por exemplo, alguns se afastam das vítimas, pois não sabem como interagir com elas. Haverá discussões sobre permitir ou não que o ofensor continue frequentando os cultos.

A reação das pessoas é muito diversa quando o abuso sexual é revelado dentro de uma comunidade. Muitos ficam profundamente magoados enquanto outros tentam minimizar o mal. Alguns querem prestar apoio às vítimas; outros ficam do lado do acusado. Surgem brigas em torno do significado de se pertencer àquela comunidade. Por exemplo, alguns dirão que, independentemente do que o abusador fez, ele ou ela deveriam poder continuar fazendo parte do grupo. Outros discordarão. Isso levará a divisões. Esse é um desafio enorme para as lideranças. Sugerimos ter sempre em mente os problemas da vergonha, perturbação e desconexão. Aqueles que estão concebendo e liderando os processos restaurativos devem se empenhar seriamente em restabelecer segurança, significado e conexão sempre que possível.

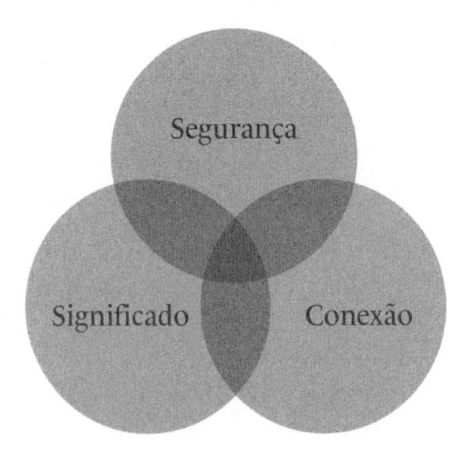

Isso significa que a liderança deve encontrar maneiras de agir para envolver muitas – e às vezes contraditórias – vozes. Na próxima parte, ressaltaremos em primeiro lugar o tipo de liderança que a tarefa exige e, em segundo lugar, as opções em termos de processos restaurativos disponíveis para grupos comunitários.

> A liderança saudável não funciona em isolamento, mas solicita ajuda de terapeutas, profissionais de justiça criminal e outros para saber como reagir com segurança.

LIDERANÇA

Liderar uma organização durante o período que segue a um abuso sexual é uma responsabilidade e tanto. De fato, a liderança desempenha um papel importante na saúde e vida de organizações comunitárias. Isso é especialmente verdadeiro nos tempos de crise.

Judith Herman e outros especialistas em trauma observaram que a capacidade de cura e resiliência está baseada nos recursos disponíveis. Em vista disso, entendemos que o papel do líder é garantir que a comunidade tenha os recursos de que precisa para criar resiliência e se restabelecer depois da crise causada pelo abuso. Observem que não estamos dizendo que o líder deve *ser* esse recurso, mas que ele deve facilitar o apoio e disponibilizar os recursos.

O International Institute of Restorative Practices oferece uma tabela que nos ajuda a compreender com clareza a liderança restaurativa. Na imagem da esquerda vemos quatro modelos diferentes de liderança. Vemos que trabalhar COM a comunidade, de modo firme e justo ao mesmo tempo, permite que autoridade e respeito coexistam e floresçam juntos. Ser firme ou punitivo poderia ser exemplificado por não permitir A quem cometeu abuso sexual frequentar a congregação sem limites claros. Ser justo poderia ser o ato de dar a oportunidade PARA essa pessoa partilhar suas esperanças de permanecer ligado à comunidade. O modelo COM sugere que o "engajamento" com outras pessoas é a abordagem mais saudável que se pode adotar. Lembre-se de que, por causa do abuso sexual, as vítimas perderam seu senso de poder. Ao dar-lhes voz e escolhas, o líder pode ajudar na recuperação das vítimas.

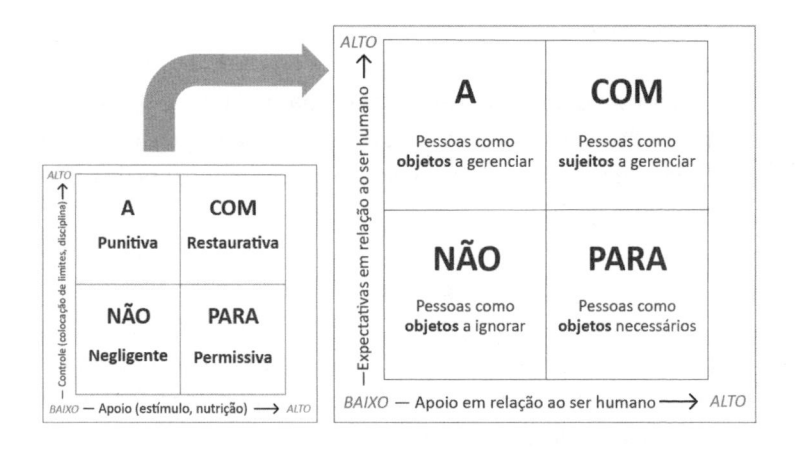

	A Punitiva	COM Restaurativa
	NÃO Negligente	PARA Permissiva

ALTO ← Controle (colocação de limites, disciplina)
BAIXO — Apoio (estímulo, nutrição) → *ALTO*

	A	COM
	Pessoas como **objetos** a gerenciar	Pessoas como **sujeitos** a gerenciar
	NÃO	PARA
	Pessoas como **objetos** a ignorar	Pessoas como **objetos** necessários

ALTO ↑ Expectativas em relação ao ser humano
BAIXO — Apoio em relação ao ser humano → *ALTO*

QUATRO MODELOS DE LIDERANÇA[28]

As lideranças terão de ponderar sobre os processos de intervenção: qual é a melhor maneira de restabelecer a segurança, o significado e a conexão para os membros da comunidade? Em nossa experiência, os processos formais, como reuniões de grupos grandes (onde se podem partilhar informações adequadas e fazer perguntas), as reuniões com processos circulares (onde se podem partilhar dores e sentimentos) e grupos de resolução de problemas (onde se podem discutir e construir planos para o futuro), são uma ajuda substancial para a recuperação dos grupos. No quadro abaixo, oferecemos algumas questões para detectar se as medidas tomadas estão alinhadas com a justiça restaurativa. Lembre-se de que a justiça restaurativa não é sinônimo de uma prática em especial, mas pode ser vivida de várias maneiras. Nenhuma medida atenderá perfeitamente os desejos de todas as pessoas.

As comunidades também precisam refletir a respeito das seguintes questões:

- **As intervenções favorecem o acusado às custas da vítima?** O ponto de partida de toda intervenção é acreditar na vítima. Dificilmente alguém vai se expor dizendo que foi abusado sexualmente se não foi. Ninguém tem nada a ganhar ao passar pelas dificuldades de revelar em público o que lhe aconteceu.

- **A comunidade precisa assumir a responsabilidade por atitudes e crenças que influenciam a violência sexual?** Se a comunidade é patriarcal e promove uma versão violenta e doentia de masculinidade – dizendo, por exemplo, que "os homens é que devem mandar" –, então é preciso se esforçar para mudar. As comunidades devem considerar a possibilidade de ensinar meninos e homens sobre equidade e a necessidade de consentimento no tocante à sexualidade humana.

AÇÃO E ENGAJAMENTO

Ação	Descrição
O quê	• Qual é o melhor processo para fazer as coisas ficarem o mais corretas possível? • Seria um encontro para partilhar sentimentos e impactos sofridos, ou para resolver problemas? Ou ambos? • Que informações precisam ser transmitidas a todos? Que informações são confidenciais? Que permissões precisam ser concedidas para partilhar tais informações?
Como	• Será preciso pedir ajuda de terceiros ou sua organização tem os recursos internos e a capacidade de desempenhar ações de justiça restaurativa? • A experiência mostra que, em geral, pedir a ajuda de profissionais é a melhor opção. Isso não significa delegar a responsabilidade pela intervenção a alguém de fora, mas sim a partilha da responsabilidade. Colaboração! • É muito útil formar um grupo de referência de todos os interessados (pessoas que representam diferentes necessidades). • Como será a comunicação? Algum nível de transparência é importante para a liderança. Afinal, todo mundo já está fofocando nos corredores. • Participação voluntária é o princípio essencial da prática da justiça restaurativa, como também a discussão de questões de segurança antes de qualquer encontro.
Quem	• Quem precisa estar envolvido no discernimento, concepção e execução de um processo de engajamento? • Quem foi afetado? Nem todos quererão participar, mas é muito importante que se cogite sua inclusão, ou ao menos que se convide a todos. • Quem tem interesse nessa situação? Quem, da organização e da comunidade, deveria estar envolvido no processo? • Quem deve liderar os processos? Facilitadores de justiça restaurativa treinados podem ajudar a garantir a segurança do processo.
Onde	• É preciso planejamento para escolher as pessoas a serem envolvidas no processo, a forma como participarão e o formato do processo em si – mas também é vital que se escolha cuidadosamente o local. Os lugares suscitam lembranças e afetam as pessoas no nível simbólico, portanto, é muito importante escolher um espaço seguro. • Isso significa que um lugar neutro, ou um lugar significativo para todos, ou um lugar onde as vítimas se sintam seguras (se estiverem presentes) pode fortalecer e fomentar o processo.

Quando	• Pense no tempo do processo. Agir cedo demais pode ser prejudicial, ao passo que agir tarde demais também. • Boa parte da prática de justiça restaurativa envolve o gerenciamento das expectativas dos participantes ao mesmo tempo em que se coordena a logística do processo. Uma boa preparação é importante. Facilitadores de justiça restaurativa com frequência se encontram individualmente com os participantes antes de reunir a todos. Será que aquilo que desejam conseguir é factível dentro da situação?

UM EXEMPLO: FAITHCARE

Um exemplo de programa de justiça restaurativa que funciona bem nas comunidades religiosas é o FaithCARE.[29] Foi fundado em 2007 pela rede Shalem Mental Health Network, organização de saúde mental canadense sediada em Hamilton, Ontário. Mark Vander Vennen, seu diretor executivo, não estava contente com as ferramentas e os processos disponíveis para igrejas em crise. Ele viu a necessidade de desenvolver uma prática que funcionasse com mais eficácia no contexto de congregações. Hoje, além do trabalho preventivo, o FaithCARE forma parcerias com comunidades religiosas para ajudá-las a superar conflitos, crimes e crises.

O FaithCARE acredita em:
- reconhecer o crime e a vergonha;
- fazer a preparação adequada para determinar a adequação de qualquer tipo de encontro restaurativo, garantindo assim a segurança;
- usar facilitadores treinados;
- levar em conta desequilíbrios de poder, inclusive de gênero;
- utilizar um modelo de cofacilitação em que, se um facilitador for homem, o outro será mulher, sendo um deles alguém de "dentro" (um representante da comunidade religiosa) e o outro de "fora" (profissional externo);
- contar com participação voluntária;
- utilizar um grupo de referência (ver a explicação a seguir).

Antes de criar uma intervenção adequada, o FaithCARE reúne um grupo de referência com membros da igreja que já sabem o que aconteceu. Em geral, esse grupo tem um representante da liderança, como um pastor ou membros do conselho, mas em geral inclui também pessoas com diferentes pontos de vista sobre o modo de lidar com a situação. Esse grupo de referência ajuda os facilitadores de justiça restaurativa a compreenderem o contexto em que acontecerá a intervenção, quem deve ser envolvido no processo e como proceder do modo mais seguro possível.

Na maioria das vezes o FaithCARE utiliza o processo circular, buscando envolver o maior número possível de pessoas – vítimas, ofensores, liderança e outros. Estabelecem-se as regras básicas e os facilitadores seguem um roteiro semelhante àquele concebido pelo International Institute for Restorative Practices.[30] Antes da realização do círculo, os facilitadores se encontram individualmente com cada participante, ou com pequenos grupos, para conversar sobre expectativas, esperanças e outras questões relevantes para o facilitador.

O FaithCARE reconhece que há algumas limitações. Mal-entendidos sobre a justiça restaurativa geram perguntas como: "Vocês vão me pressionar a perdoar o ofensor?". Uma ideia equivocada desse tipo pode criar resistência e relutância em recorrer a programas de justiça restaurativa. Muita gente não sabe que ela pode ser usada como um processo de diálogo para grupos da comunidade, mesmo quando as vítimas primárias e/ou ofensores não querem participar. Por vezes há um relacionamento complicado entre o sistema de justiça criminal e o processo que acontece dentro da congregação. Pode haver outras limitações pragmáticas: a comunidade religiosa tem recursos financeiros para contratar ajuda externa?

Além disso, nem todos processam a dor no mesmo ritmo – uns levam mais tempo que os outros. Qualquer um que tenha sofrido pode participar de um processo de cura. Muitas das práticas do FaithCARE, inclusive os encontros formais de justiça restaurativa, não dependem da presença de uma vítima ou ofensor. Basta reconhecer que o abuso sexual tem impacto na comunidade como um todo. Muitas pessoas precisam de um espaço para expressar sentimentos e colocar suas dúvidas. O FaithCARE é um bom exemplo de como as comunidades podem agir restaurativamente para tratar do abuso sexual.

JUSTIÇA RESTAURATIVA E VIOLÊNCIA SEXUAL NOS CAMPI DE UNIVERSIDADES

Como vimos no Capítulo 2, os índices de violência sexual nas universidades e cursos superiores é bastante alto. Seria razoável pensar que as instituições de ensino são lugares que fomentam a igualdade e o respeito por todos. Em alguns aspectos isso é verdade. No entanto, incidentes de violência sexual perpetrada por homens são especialmente altos no início do ano letivo, quando a masculinidade tóxica ganha permissão para se manifestar.[31] Parte da tarefa da justiça restaurativa é tratar da violência masculina patriarcal de modo mais sistemático. A outra é reagir restaurativamente, sempre que possível, nos casos individuais.

Os primeiros passos para uma reação restaurativa são: acreditar nas vítimas, garantir sua segurança física e emocional e ajudá-las a entrar no caminho da cura. Os próximos passos tratam de estimular o ofensor a assumir a responsabilidade ao mesmo tempo em que se examinam os elementos da cultura universitária que promovem o estupro e outras formas de violência masculina. Mary Koss, uma especialista que há anos ensina a reagir de modo seguro e adequado ao abuso sexual, escreveu, junto com Jay Wilgus e Kaaren Williamsen, sobre a aplicação da justiça restaurativa em casos de violência sexual nas universidades.[32] Essas autoras veem uma série de possibilidades para a estrutura da justiça restaurativa nesses casos.

1. Justiça restaurativa como processo de resolução do conflito

Esta opção pretende dar às vítimas uma escolha para possível resolução do caso através de um diálogo seguro com facilitação de justiça restaurativa. Os participantes precisam passar pelos estágios de preparação, inclusive a identificação de apoiadores para todas as partes. Os resultados em geral incluem um plano de reparação com os seguintes elementos:

- Reparações
- Terapia
- Serviço comunitário
- Supervisão obrigatória

Se a justiça restaurativa for utilizada como processo de resolução do conflito, não deve ser chamada de "mediação". Uma parte – o ofensor – causou dano à outra – a vítima –, portanto as partes não devem ser tratadas com neutralidade. A justiça restaurativa dá nome ao crime, reconhece que houve dano e promove a responsabilização.

2. Justiça restaurativa como processo de sanção

Se a responsabilidade do ofensor estiver clara, independentemente de admitir sua culpa, Koss et al. identificam o papel das vítimas e de outros membros da comunidade no processo de sanção. Elas sugerem que alguma forma de separação é, às vezes, necessária: suspensão temporária e/ou expulsão permanente. Ao incluir vítimas e membros da comunidade no processo, não se está colocando um fardo a mais sobre seus ombros, mas recebendo seu apoio para decidir o que é necessário para ter segurança e recuperação num ambiente que é de todos.

3. Justiça restaurativa como processo de reintegração

Nesta modalidade, o ofensor responsável, depois de cumprir as condições da suspensão, será reintegrado de modo seguro à comunidade do campus. O propósito duplo da reintegração de justiça restaurativa é apoio e responsabilização. Assim como no programa de círculos de apoio e responsabilização, estaremos oferecendo respeito ao ofensor como ser humano enquanto ao mesmo tempo garantimos a segurança futura do campus.

Além disso, a justiça restaurativa é também um modo de envolver a comunidade como um todo conscientizando-a sobre o mal e a cura. Convidar a comunidade a se manifestar é reconhecer o problema da violência de gênero nos campi. A violência sexual afeta todos os estudantes, especialmente as mulheres e os transgêneros. A comunidade mais ampla, sobretudo os homens, tem a obrigação de transformar a cultura do estupro numa cultura do consentimento baseada na igualdade.

Concluindo, este capítulo continua a promover a justiça restaurativa como estrutura, e não como um conjunto determinado de práticas. É preciso forte liderança comunitária para assegurar que as vítimas fiquem em segurança, que os ofensores sejam responsabilizados e que as causas do abuso sexual sejam tratadas.

COMUNIDADES INDÍGENAS – UM ESTUDO DE CASO

Os ojíbuas, ou Anishinaabe, povos das Primeiras Nações, de Hollow Water de Turtle Island (área conhecida hoje como Manitoba, Canadá) são um exemplo de como responder restaurativamente ao abuso sexual. Hollow Water é um caso de esperança nascida no trauma. Nos anos 1980, esta comunidade indígena enfrentou uma crise. Estima-se que dentre a população de cerca de 600 pessoas, 3 em cada 4 habitantes haviam sido vítimas de abuso sexual, enquanto uma em cada 3 habitantes era perpetrador.[33] A epidemia de abuso sexual de Hollow Water foi também uma história de trauma intergeracional que começou com a violência da colonização canadense dos povos nativos. A Lei Indígena e outros atos colonialistas açambarcaram a soberania indígena ao invés de respeitá-la. A lei canadense legalizou o roubo de terras e deslocou os povos indígenas para pedaços de terra pequenos e inférteis chamados reservas. As práticas coloniais como os internatos tiravam as crianças de comunidades como Hollow Water e dizimavam as comunidades nativas. A história dos internatos indígenas é especialmente importante para compreender como a violência intergeracional se tornou a norma em Hollow Water.

Ao longo dos cem anos da história do Canadá, até 1996, de um lado a outro do país, mais de 150 mil crianças indígenas foram tiradas à força de suas comunidades e levadas para 150 internatos. O propósito declarado era o de "matar o índio na criança".[34] Sem poder falar sua língua, nem seguir suas tradições culturais, essas crianças recebiam um número em vez de um nome. Os internatos eram uma forma de genocídio cultural. Abusos sexuais e físicos perpetrados por professores, padres e outros "cuidadores" corriam soltos. A violência cultural, física e sexual se transmitiu de uma geração para a outra de crianças indígenas, que cresceram e não conseguiram ser bons pais e mães. Os abusos físicos e sexuais se repetiam em seus lares. Num relatório da Comissão de Verdade e Reconciliação sobre os internatos indígenas do Canadá, intitulado *They Came for the Children*, o filho de um sobrevivente dos internatos declarou: "Na verdade, não escapamos dos internatos. Os internatos estavam presentes todos os dias da nossa infância por causa da repetição continuada do trauma e da dor de nossos pais, que nunca tiveram a oportunidade de resolver esses traumas durante seu tempo de vida".[35] Nas palavras do Procurador-Geral da Coroa, Rupert Ross, em seu livro *Returning to the Teachings: Exploring Aboriginal Justice*, "os internatos não foram a única causa do colapso social dos povos nativos. Foram apenas um ponto de exclamação em uma longa e grandiloquente declaração no sentido de que nada indígena jamais seria de algum valor para alguém. Essa mensagem foi transmitida de todos os modos possíveis, e afetou cada aspecto da organização social tradicional".[36] Embora seja difícil colocar em palavras o quão devastadora foi e continua sendo a colonização, as comunidades indígenas e suas tradições sobreviveram.

Em 1984, quando Hollow Water estava exaurida pela epidemia de abuso sexual, vários líderes locais devolveram a vida à comunidade através de um plano de cura. Inspirados em seus costumes indígenas tradicionais, formaram o Community Holistic Circle Healing – CHCH.
Esta iniciativa assumiu o controle do processo de cura. Parte do que foi tirado dos índios durante a colonização foi sua soberania no tocante aos processos judiciais. O CHCH argumentou que as intervenções do sistema canadense de justiça criminal só tinham piorado a situação. Antes da colonização, quando ocorria uma transgressão, os ojíbuas de Hollow Water se empenhavam em curar e integrar, não em punir e separar. De fato, o CHCH sustentava que a cura tradicional era uma maneira muito mais profunda de lidar com o abuso sexual: "O povo de Hollow Water não acredita em encarceramento. Acredita que a prisão significa que os criminosos podem se esconder e não encarar suas responsabilidades cercados pelo afeto, respeito e estímulo que os Anishinaabe acreditam ser devidos a todas as criaturas".[37] Portanto, o CHCH criou círculos de cura para as vítimas, círculos de cura para os ofensores e círculos de cura onde vítimas e ofensores podiam ser reunidos para conversar. A participação era voluntária. Por exemplo, se um ofensor negasse sua responsabilidade, ele ou ela poderiam passar para o sistema de justiça criminal canadense.
Surpreendentemente – ou talvez não, da perspectiva indígena – com o início das atividades do CHCH, alguns ofensores até começaram a se apresentar para confessar seus crimes. Diz Ross a esse respeito:

> O CHCH conseguiu que os ofensores começassem a se apresentar e a confessar seu comportamento abusivo *por sua própria vontade*, pedindo a ajuda de todos. Como procurador-geral, posso dizer com honestidade que ninguém

jamais entrou na minha sala dizendo: "Quero confessar que abusei sexualmente da minha enteada. Por favor, me processe". Sabendo-se que o abuso sexual passa de uma geração para outra graças à manutenção do segredo (...) nossa ênfase na punição, ao contribuir para a manutenção do silêncio, também estimula a continuação do abuso.[38]

Num documento sobre esse assunto, o CHCH esclareceu que a ameaça de prisão silencia os ofensores e, portanto, causa mais sofrimento às vítimas e danos às comunidades: "Ela reforça o silêncio e, dessa forma, promove o ciclo de violência ao invés de rompê-lo. Na realidade, em vez de tornar a comunidade um lugar mais seguro, a ameaça de encarceramento coloca a comunidade em maior risco".[39] No lugar da evitação e da negação perpetuadas pelo sistema de justiça criminal, o CHCH promoveu a responsabilidade e a aceitação dos deveres.

Contudo, o principal foco do programa do CHCH era o apoio às vítimas. O processo tinha 13 etapas:

1. Relato aberto sobre o abuso;
2. Garantir segurança para a vítima;
3. Confrontar o perpetrador;
4. Dar apoio ao cônjuge/pais;
5. Dar apoio à família/comunidade;
6. Reunião da Equipe de Avaliação com a Real Polícia Montada do Canadá;
7. Círculos com o perpetrador;
8. Círculos com a vítima e o perpetrador;
9. Preparação da família da vítima;
10. Preparação da família do perpetrador;
11. Reunião especial/círculo de sentenciamento;
12. Revisão da sentença;
13. Cerimônia de purificação.[40]

O foco era ajudar a restaurar o equilíbrio seguindo os sete ensinamentos tradicionais e trabalhando pela cura de todos os aspectos da vida da pessoa: emocional, mental, espiritual e físico. Joyce Bushie, uma líder do CHCH, explica:

> Os sete ensinamentos tradicionais são: honestidade, força, respeito, cuidado, partilha, sabedoria e humildade. Esses foram os preceitos que o Criador deu aos povos aborígenes para que os seguissem. Alguns chamam de orientações para a vida. Para ser franca, é preciso desenvolver essas qualidades com quatro aspectos do nosso ser, ou seja, desenvolvê-las emocional, mental, espiritual e fisicamente. Sem esses quatro aspectos, é impossível funcionar como um ser humano inteiro. Por isso, precisamos dos Círculos Sagrados e dos sete ensinamentos para começar o processo de cura das cicatrizes de nossos antepassados.[41]

Será que funcionou? Não apenas os ensinamentos tradicionais foram divulgados, mas o envolvimento com os ofensores foi produtivo. Dos 107 que se apresentaram e passaram pelo processo do CHCH, apenas dois voltaram a cometer violência sexual, uma taxa de menos de 2%.[42] Comparado aos índices obtidos pelo sistema criminal canadense, que tem uma taxa de reincidência de 13% para crimes sexuais, os resultados do CHCH são excepcionais.[43]

LIÇÕES APRENDIDAS

Os profissionais de justiça restaurativa aprenderam várias coisas com a experiência de Hollow Water.

1. O abuso sexual não acontece isoladamente.

Nos capítulos anteriores vimos que o abuso sexual é, na maioria das vezes, uma forma de violência de gênero perpetrada por homens. Neste capítulo fica claro que a colonização dos povos indígenas foi acompanhada de abuso sexual. Além disso, a justiça criminal estatal reage separando as vítimas dos ofensores. É claro que em muitos casos isso é necessário para garantir a segurança da vítima. Contudo, no contexto de Hollow Water, a separação de vítima e ofensor prejudicava ainda mais a comunidade, pois o abuso sexual era uma parte insidiosa da vida da maioria das famílias.

2. **O medo da punição pode contribuir para a manutenção dos ciclos de abuso sexual.**
As vítimas não contam sua história por medo de serem ignoradas ou tidas como mentirosas. Da mesma forma, o caso de Hollow Water sugere que o medo da punição é uma barreira que impede os ofensores de assumirem a responsabilidade por seus atos.

3. **As medidas tomadas pela justiça criminal muitas vezes trazem mais danos a certas comunidades étnicas.**
Estudos mostram que a maioria dos crimes sexuais é cometida por membros dos grupos dominantes na sociedade, no entanto, as minorias étnicas e outras minorias são alvo de grande parte do trabalho policial. Em *The Four Circles of Hollow Water* a pesquisadora Christine Sivell-Ferri conclui: "Fica claro que alguns abusadores são membros de grupos minoritários, mas a maioria pertence aos grupos predominantes da sociedade. As denúncias e a subsequente investigação e processo judicial tendem a ter um viés no sentido de identificar e encarcerar os abusadores de baixa renda ou pertencentes a minorias; mas isso não pode ser

usado como prova de que tais grupos produzem maior quantidade de abusadores".[44] De fato, a propensão a aprisionar uma quantidade desproporcional de pessoas pertencentes a minorias é visível no contexto social mais amplo. No Canadá, 25% dos presidiários são indígenas, mas esse grupo étnico constitui apenas 3% da população total.[45] Nos Estados Unidos os afro-americanos, latinos e índios perfazem a maioria dos presidiários, mesmo sendo a minoria da população como um todo.

As práticas restaurativas oferecem uma solução promissora. A abordagem de Hollow Water colocou o poder nas mãos da comunidade para que reagissem ao crime da maneira que percebiam como mais apropriada. Contudo, a polícia, os tribunais e as prisões ofereceram um pano de fundo alternativo para quem assim desejasse. Isso não apenas proveu maior atenção às necessidades das vítimas e segurança para as crianças, mas também fomentou o desenvolvimento da comunidade e o crescimento das tradições importantes para o povo ojíbua.

4. Justiça restaurativa como justiça social

A história de Hollow Water indica que, quando o poder está nas mãos de comunidades que desejam resolver seus problemas, as medidas de justiça restaurativa podem funcionar como mecanismo de intervenção e prevenção. Os grupos que defendem a necessidade de voz e controle para as mulheres e etnias marginalizadas dentro dos processos judiciais estão esperançosos quanto às possibilidades de justiça social da justiça restaurativa. Em seu artigo "Restorative Justice for Victims of Gendered Violence", Katherine van Wormer alega que o sistema criminal adversarial é muitas vezes vivenciado como "justiça dos brancos" e, portanto, estranho aos povos afro-americanos, latinos e indígenas.[46] A justiça restaurativa dá voz aos participantes para definirem como obter justiça e se restabelecer e, desse modo, faz das vítimas sujeitos e não objetos.

5. **Os processos de justiça que foram roubados precisam ser devolvidos**

O colonialismo, no Canadá e nos Estados Unidos, instalou seus próprios processos judiciais e eviscerou os que eram praticados pelas sociedades nativas. Muitas sociedades indígenas estão lutando por autodeterminação e pela soberania que jamais foi plenamente recuperada. Embora seja uma parceria entre o sistema ocidental e o indígena, o CHCH revela o que é possível realizar quando o poder de fazer justiça é devolvido a uma comunidade. Além disso, ao mesmo tempo em que ressalta o modo como a comunidade indígena assumiu a responsabilidade por sua própria cura, o caso de Hollow Water mostra que o Canadá e os Estados Unidos devem tomar a iniciativa de descolonizar – por exemplo, devolvendo aos povos nativos aquilo que lhes foi tirado, além de respeitar os tratados assinados.

LIMITES E POSSIBILIDADES

A aplicação da justiça restaurativa aos casos de violência sexual é um tópico controverso. O diálogo sobre a questão tem sido travado entre acadêmicos e profissionais e aponta alguns dos limites e desafios, bem como novas possibilidades. Neste capítulo exploraremos algumas das preocupações, ou limites necessários, bem como as possibilidades que a justiça restaurativa oferece.

LIMITES

1. Padronização
Muitas pessoas não sabem o que é justiça restaurativa ou, se têm alguma ideia, não estão bem informadas. Alguns pensam que é um conjunto de práticas, igualando-a ao encontro vítima-ofensor. Outros pensam que é forçar as vítimas a perdoar e a se reconciliar com os ofensores, ou que é ser "tolerante" com o crime. Algumas dessas ideias equivocadas surgiram, compreensivelmente, em decorrência da aplicação incorreta da justiça restaurativa. Até o momento, na América do Norte, as práticas de justiça restaurativa acontecem basicamente através de alguma forma de encontro entre vítima e ofensor, e alguns têm tentado promover de forma errônea a reconciliação entre as duas partes.

Os programas de justiça restaurativa precisam ter cautela para não se tornarem uma abordagem padronizada. Com esta obra, temos a esperança de ter conseguido descrever a justiça restaurativa como uma filosofia, que coloca as necessidades das vítimas em primeiro lugar no processo de fazer justiça. Ter esta premissa bem clara pode ajudar os profissionais a implementá-la de modo que permita atender às necessidades complexas de vítimas, ofensores e comunidades.

2. Segurança

Outra preocupação é que o diálogo de justiça restaurativa pode causar danos se for inadequadamente utilizado ou conduzido. Como esclarece Judith Herman, para atender à necessidade de justiça, é preciso primeiro garantir a segurança. O abuso sexual em geral acontece num contexto de desequilíbrio de poder e, nesse caso, o diálogo nem sempre é apropriado. No mínimo, deve ser realizado com cautela (ou seja, com cuidadosa preparação), prestando-se grande atenção às questões de segurança e desequilíbrio de poder.

Tanto as vítimas como os outros participantes precisam ter a liberdade de escolher participar ou não, sabendo exatamente como será o encontro. Um dos fatores que viabiliza isto é ser bem claro a respeito das expectativas das partes. A vítima quer contar aos outros como sua vida foi afetada? E se o ofensor reconhecer a culpa, mas não expressar que está ciente do pleno impacto de seus atos? Será que a vítima quer um pedido de desculpas? E se o ofensor estiver disposto a dizer "me desculpe", mas não quiser fazer a parte difícil, ou seja, compreender por que cometeu o crime? Os profissionais de justiça restaurativa devem ser bem treinados para saber preparar vítimas e ofensores a enfrentar as potenciais dificuldades desse tipo de processo.

Além disso, os profissionais de justiça restaurativa devem ser bem versados na mecânica do trauma – ou seja, devem compreender como o trauma afeta as pessoas e qual o melhor modo de gerar resiliência.

3. Justiça social

Uma crítica importante feita à justiça restaurativa é que muitos programas não tratam adequadamente das injustiças, pressões e normas sociais. Em outras palavras, os programas não chegam até os problemas sistêmicos na raiz da transgressão, pois visam apenas os indivíduos envolvidos diretamente no caso. O que aconteceria se a justiça restaurativa fosse utilizada apenas para intervir, mas deixasse de lado as causas do crime? Em especial no caso do abuso sexual, a análise das questões de gênero é da maior importância para a discussão. Tal perspectiva reconhece que as questões sociais como a violência sexual não podem ser compreendidas sem também levar em conta a construção social, histórica e cultural de gênero. Mesmo considerando o abuso sexual como uma questão sexual, uma experiência pessoal *e um crime*, a justiça restaurativa ainda é uma solução incompleta para o problema.

Será que a justiça restaurativa individualiza em demasia as transgressões que têm raízes em estruturas subjacentes? Será que esta é uma repetição da abordagem da justiça criminal que lida com crimes individuais em vez de atacar as estruturas por trás deles? Poderá a justiça restaurativa transformar estruturas? Ou será um movimento na direção de uma abordagem mais transformativa que, no devido tempo, conseguirá tratar das questões sociais? O debate sobre justiça restaurativa versus justiça "transformativa" não terminou ainda.

4. Extrajudicial
Outra crítica à justiça restaurativa é que muitas vezes ela é "extrajudicial" e acontece fora do sistema formal de justiça criminal. Alguns programas, em especial os destinados a jovens, desviam o curso do processo. Ainda assim, o sistema de justiça criminal desempenha um papel importante ao denunciar a transgressão. Alguns colocam a seguinte questão: "Se a violência de gênero não é tratada formalmente como crime na vara criminal, será que não estamos dando um passo atrás ao invés de evoluir no combate ao crime?" A preocupação é que, ao privatizar a questão ou utilizar mecanismos comunitários, a justiça restaurativa estaria minimizando o problema.

Contudo, esta obra defende uma abordagem de justiça restaurativa aberta à parceria com o sistema de justiça criminal. O programa Restorative Opportunities é exemplo disso.

Além do mais, a justiça restaurativa não se limita a criar alternativas ou a fazer encontros vítima-ofensor. Alguns programas estão usando uma estrutura de justiça restaurativa parcial, por exemplo, oferecendo apoio para um lado ou para o outro. A justiça restaurativa pode funcionar de modo a complementar as abordagens mais tradicionais, assim atendendo às necessidades de justiça dos participantes de uma maneira que outras sistemáticas não podem fazer.

5. Recursos

Uma limitação importante é a questão do financiamento. Ou seja, as práticas de justiça restaurativa estão limitadas pela questão econômica. Devido ao fato de que os investimentos atuais favorecem as estruturas e políticas penais já existentes, a justiça restaurativa fica muitas vezes limitada pela dependência de fontes instáveis de recursos. No Canadá, por exemplo, as opções de justiça restaurativa já constam do ordenamento jurídico pertinente à infância e juventude, mas não há dotação orçamentária suficiente para de fato implementar o programa. Além do mais, o crime continua sendo uma questão política no mundo ocidental. Muitos políticos relutam em apoiar estratégias diferentes das "políticas duras contra o crime". Sendo a política um termômetro, os recursos acabam sendo investidos em coisas como a manutenção ou aumento das prisões em vez de práticas consideradas "alternativas", como a justiça restaurativa. Seus recursos já são escassos, mesmo assim, alguns se preocupam que tais programas desviarão o dinheiro que deveria ser destinado a outros serviços importantes para as vítimas.

POSSIBILIDADES

1. Alternativas saudáveis

Apesar desses desafios ou limites, há razões para otimismo. Muitas vítimas de abuso sexual sentiram que sua experiência dentro do sistema de justiça criminal representa um novo trauma e uma nova perda de poder. Por essa razão, algumas vítimas de crimes sexuais escolhem uma abordagem alternativa que lhes confere mais voz, escolha e poder. No todo, a justiça restaurativa oferece mais opções para atender às várias necessidades das vítimas. Diferentes relacionamentos entre vítima e ofensor, bem como necessidades distintas das vítimas, podem ser levadas em consideração dentro de um processo de justiça restaurativa.

2. Validação

O processo de justiça restaurativa está concebido para validar as necessidades das vítimas: acreditar em suas histórias, garantir sua segurança, dar prioridade a suas dúvidas, oferecer-lhes opções, e assim por diante. O processo de justiça restaurativa deixa claro para as vítimas que elas não são culpadas da violência que sofreram. Um processo de diálogo – seja um encontro vítima-ofensor, seja uma conferência de grupos familiares no estilo do sistema da Nova Zelândia para a infância e juventude[47] – também pode validar as necessidades e experiências das vítimas de uma maneira que a justiça criminal não poderia fazer.

> Os processos de justiça restaurativa podem validar as necessidades e experiências das vítimas de uma maneira que a justiça criminal não poderia fazer.

O mesmo se pode dizer da responsabilização: os processos de justiça restaurativa incentivam o ofensor a assumir a responsabilidade e a admitir seus malfeitos de um modo que a justiça criminal é incapaz de fazer. No processo penal os ofensores são incentivados a negar seus crimes e a alegar inocência. Esta negação aumenta a dor da vítima e leva os ofensores a fugirem do impacto de suas ações e da obrigação de assumir a responsabilidade. Nos encontros de justiça restaurativa os ofensores muitas vezes assumem a responsabilidade de modo mais pleno, pois começam a compreender as consequências de seu comportamento. Além disso, as vítimas evitam ser humilhadas em público e acabam encontrando maior autoestima, validação, respeito, dignidade e poder pessoal.

3. Escolhas e decisões
A oportunidade que as vítimas têm de escolher o que precisam e como querem que a justiça seja feita estimula a recuperação da vítima, pois atende sua necessidade de recuperar o poder, a autonomia e a segurança perdidos. Na justiça restaurativa as vítimas têm mais voz no processo de tomada de decisões – desde o modo como será realizado o processo, quando e quem participará, até sua visão de qual deveria ser o resultado. Dessa forma, as vítimas podem escolher de que precisam e como essa necessidade será atendida.

Quando o ofensor é pego e admite seu crime, o diálogo de justiça restaurativa pode criar novas possibilidades para o empoderamento da vítima. Mesmo quando não se consegue prender o autor do crime, alguns programas de justiça restaurativa ajudam as vítimas a dialogar com membros da família ou oferecem apoio continuado de pares (ver, por exemplo, o programa da Community Justice Initiatives acima).

4. Oportunidade de diálogo
Outra possibilidade única e significativa oferecida pelo processo de justiça restaurativa é o potencial para o diálogo entre as partes. É claro que o diálogo não é

adequado em todos os casos, mas algumas vítimas desejam falar diretamente com o ofensor, em especial nos casos de crimes graves em que a vítima acaba com muitas perguntas não respondidas. As vítimas podem fazer perguntas, mas também contar sua história e falar sobre tudo o que vêm sofrendo em consequência do crime.

Ao participar de um encontro de justiça restaurativa as vítimas e sua comunidade também têm a oportunidade de condenar a violência de modo significativo para todos os envolvidos. Por vezes é útil para as vítimas se encontrarem com ofensores "substitutos" – pessoas que cometeram transgressões similares. Por outro lado, muitas vezes é benéfico para os ofensores ouvir o relato de vítimas de outras pessoas, que vivenciaram a violência nas mãos de outros. Outras possibilidades de diálogo podem ser criadas para que comunidades ou grupos possam partilhar os impactos sofridos e colaborar mutuamente para seguir adiante.

5. Esperança e inclusão

A justiça restaurativa é inclusiva. As vítimas são pessoas. Os abusadores são pessoas. Ambos são seres humanos que não podem ser ignorados, ambos pertencem, de alguma maneira, às suas comunidades. A inclusão não significa minimizar o dano e eliminar limites. Se aquele que cometeu um abuso sexual não consegue viver dentro dos limites de um relacionamento de respeito aos demais, então é adequado que seja encarcerado ou separado da comunidade. Contudo, ao adotar os valores da justiça restaurativa, escolhemos viver com esperança – a esperança de que os crimes podem ser tratados significativamente e que todos receberão apoio adequado e cuidados a fim de conseguir superar e se recuperar.

Limites	Possibilidades
• Padronização.	• Aumenta as escolhas da vítima.
• Leva em conta as questões de segurança para a vítima.	• Sabe tratar casos na sua singularidade.
• A linguagem pode constituir uma barreira (por exemplo, "vítima" ou "restauração".	• Incentiva a confissão do ofensor ao invés da negação.
• Deixa de tratar das causas sociais subjacentes ao crime.	• Contribui para a recuperação da vítima, pois ela pode contar sua história, ser ouvida e conseguir respostas às suas perguntas.
• O desvio para a justiça restaurativa pode passar a mensagem de que o abuso sexual não é grave e não tem um viés de gênero.	• Oferece um encontro para o diálogo e um modo significativo de denunciar a violência.
• Questão econômica da justiça restaurativa e a politização do crime.	• Baseia-se em visões mais holísticas e gerais sobre o crime. Sendo mais inclusiva, oferece esperança.

É importante reconhecer as limitações da justiça restaurativa. Suas práticas, no momento atual, não são um método completo para reagir à questão do abuso sexual, e nem todos desejam esse tipo de abordagem. Contudo, já está claro também que essa modalidade de justiça vai ao encontro de muitas das necessidades das vítimas e traz os abusadores a um nível mais exigente em termos de responsabilidade. Embora a prática não seja perfeita, a justiça restaurativa oferece a vítimas, ofensores e suas comunidades novas possibilidades de obter justiça depois de um crime sexual.

Ainda que a justiça restaurativa hoje praticada não seja aplicável a todas as situações, é preciso dizer que a estrutura restaurativa é amplamente aplicável. Quem foi prejudicado nessa situação? De quem é a obrigação de sanar as consequências do ato ilícito? Quais as suas causas subjacentes? Quem precisa estar envolvido? Quais os melhores processos para tratar dessas questões?

É inspirador vislumbrar o dia em que essas perguntas serão feitas rotineiramente.

PRÁTICA POR PRINCÍPIOS

O tamanho desta obra não permite a discussão detalhada de programas e modelos específicos. Mas os modelos descritos em outros livros desta série sugerem muitas possibilidades e estão listados em "Leituras recomendadas" no fim deste livro. Em vez de recomendar determinados modelos de programa, defendemos a "prática por princípios" – procedimentos que nascem dos valores-chaves da justiça restaurativa e que estão descritos no livro *Justiça Restaurativa*.

Nove princípios oferecem orientação segura para modelar as reações ao abuso sexual:

Princípio nº 1 – A vítima em primeiro lugar
A prioridade máxima é sempre a segurança da vítima. Além da segurança física, e como parte dela, devemos oferecer tempo e lugar para identificar suas necessidades. Isso às vezes é feito à custa das necessidades do ofensor, e é preciso aceitar essa prioridade. As vítimas têm precedência.

Princípio nº 2 – Conhecimentos sobre trauma
Na maioria das vezes o abuso sexual é traumático. Qualquer intervenção precisa partir do conhecimento de como a vítima experimenta o trauma. Muitos ofensores também têm um

histórico de trauma: o que significa fazer com que assumam suas obrigações num contexto de apoio? Basear o processo em conhecimentos sobre o trauma significa também que os profissionais de justiça restaurativa não devem traumatizar novamente os envolvidos, nem somar danos ao mal já cometido. Conhecimento do trauma significa colocar foco nos pontos fortes, na resiliência e na esperança.

Princípio nº 3 – Análise estrutural

As intervenções devem levar em consideração o quadro mais amplo no qual está inserido o abuso sexual. Por que os homens cometem mais abusos do que as mulheres? Por que nos Estados Unidos os indígenas e as pessoas de pele escura são apreendidas com mais frequência? Por que os indivíduos com limitações mentais ou problemas de drogadicção são maioria nos presídios? Por que os pobres são mais aprisionados do que os de classe média ou alta? Como isso influenciará as intervenções da justiça restaurativa?

Princípio nº 4 – Incluir respeitando limites

Todos têm direito a participar da comunidade. Contudo, a inclusão no grupo social implica em manter o respeito mútuo. Quando alguém comete violência sexual, significa que deixou de respeitar o outro, ao menos em parte. As comunidades precisam pensar cuidadosamente em como receberão abusadores egressos da prisão. Só porque "cumpriu a pena" não significa que deva estar livre de restrições para certas atividades. As comunidades religiosas, em especial, lutam com essa questão. Quais os limites saudáveis para incluir alguém num grupo de convivência?

Princípio nº 5 – O silêncio não é ouro

A melhor maneira de pôr fim ao abuso sexual é falar a respeito. A violência prospera no segredo. Os esforços de prevenção precisam encontrar estratégias para ensinar as crianças a melhor enfrentar essas questões difíceis. Também as intervenções após o fato não devem ter medo de dar nome ao crime. Os facilitadores de justiça restaurativa são responsáveis perante todos os envolvidos: vítimas, ofensores e comunidades. Também têm a responsabilidade de combater a violência – não há neutralidade nesse campo.

Princípio nº 6 – Responsabilidade comunitária

Os efeitos daninhos do abuso sexual são sentidos em toda a sociedade. Os familiares ficam traumatizados quando um membro da família foi abusado. Os membros de uma comunidade vivenciam sentimentos de traição e outras dores quando se revela a atividade do ofensor. Tais necessidades precisam ser atendidas.

Mas, ao mesmo tempo, as comunidades têm a responsabilidade de cuidar de seus membros e prevenir males futuros. Se quisermos chegar às causas-raiz do abuso sexual, é preciso encontrar maneiras de falar a respeito nas escolas, nos centros de convivência, nas igrejas e nos lares. A comunidade toda deve assumir essa responsabilidade.

Princípio nº 7 – Participação voluntária informada

Todos precisam ter a liberdade de fazer suas próprias escolhas. Independentemente da formalidade da intervenção, é preciso que os participantes compreendam o processo, as expectativas, as responsabilidades e os limites do processo restaurativo. Se um ofensor, antes do encontro restaurativo, estiver descumprindo as responsabilidades assumidas, a vítima deverá ficar sabendo para poder tomar uma decisão informada sobre sua participação ou não no encontro. A justiça restaurativa não obriga ninguém a participar, mesmo quando membros da comunidade pensam que isso deveria ser feito. Quando a participação é compulsória, os processos acabam sendo contraproducentes.

Princípio nº 8 – A preparação é importante
Este princípio trata da necessidade de preparação adequada. Quanto mais formal for o processo, mais preparação será necessária. Para tanto, é útil contar com facilitadores treinados. Eles devem investir tempo em encontros individuais (ou em grupos pequenos) com todos os que participarão de qualquer tipo de diálogo. Além disso, nessas ocasiões, a cofacilitação é melhor que a facilitação individual.

Parte da preparação é avaliar cuidadosamente a situação: será seguro/adequado reunir essas pessoas? Será que suas necessidades são muito divergentes, ou há convergência suficiente para continuarmos? Quais são as intenções, objetivos, metas e esperanças dos participantes? Eles compreendem os limites e possibilidades do processo? O que gostariam de perguntar? Eles têm a capacidade de participar de modo significativo? Que apoio precisam os participantes para poder dar o melhor de si?

Princípio nº 9 – Parcerias adequadas
As intervenções de justiça restaurativa não deveriam acontecer isoladamente. Na nossa experiência, é muito útil incluir terapeutas e profissionais de justiça criminal (como oficiais de livramento condicional) em processos de diálogo comunitários. Além disso, os facilitadores têm a responsabilidade

de partilhar informações com as autoridades competentes se suspeitarem que um menor sofreu abuso ou que alguma outra pessoa foi alvo de violência.

Se o ofensor estiver recalcitrante em assumir responsabilidade, ou se ficar claro que pretende manipular o processo, é útil pedir permissão escrita para discutir o caso com outros profissionais que estão a par da situação. Da mesma forma, sempre que a vítima estiver envolvida e tiver um terapeuta, é útil obter consentimento por escrito para discutir a ideia da justiça restaurativa com os apoiadores da vítima.

Esses nove princípios podem ser vistos como mecanismos fundamentais para aplicar a estrutura da justiça restaurativa nos casos de abuso sexual. Tais princípios estão alicerçados em valores de respeito e integridade. Por sua vez, esses princípios dão forma às práticas. Nosso livro trata desse nível intermediário.

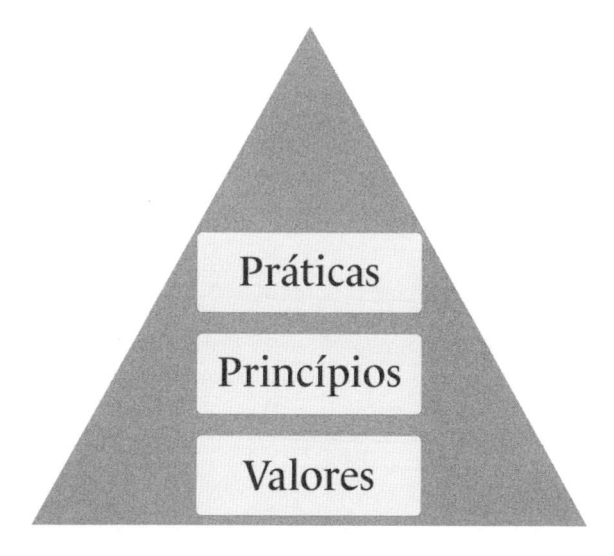

10

CONCLUSÃO – UM ESTUDO DE CASO

A história a seguir destaca algumas das dificuldades, mas também as possibilidades de esperança oferecidas pela estrutura de justiça restaurativa nos casos de abuso sexual. Nunca é demais destacar que nenhum processo é perfeito. Embora o caso esteja baseado num encontro de justiça restaurativa que de fato aconteceu, nomes e características pessoais foram alterados para proteger a privacidade dos participantes.

Em alguns minutos, Greg entrará numa sala onde estão 12 familiares, inclusive seus pais idosos. Ele imagina suas expressões consternadas. Três irmãs, um irmão, seus respectivos cônjuges e um terapeuta também estarão lá. Como olhar para eles? Daria tudo para estar em algum outro lugar, qualquer outro lugar – até a cadeia seria melhor do que ter de fazer isso, pensa ele.

— Você está pronto?

Ele olha para uma mulher e um homem que estão diante dele. A janela atrás da facilitadora lança uma luz que produz sombras no rosto calmo e reconfortante dela.

— O mais pronto que consigo... é agora ou nunca — responde Greg.

— Precisa de alguma coisa antes de entrarmos? — diz o homem numa voz que soa gentil aos ouvidos de Greg.
— Não. Precisamos ir agora. Vamos.
Os facilitadores se levantam, abrem a porta que dá no corredor e apontam para a porta do outro lado.
— É ali. Sua família está esperando.

* * *

Dois anos antes uma jovem de quase trinta anos, Dina, entrava no escritório do programa de justiça restaurativa para falar com dois profissionais sobre confrontar seu irmão. Ele tinha abusado dela sexualmente quando ele era adolescente e ela apenas uma menina com menos de dez anos de idade. A vida dela estava um caos, relatou. Terminara um relacionamento antigo, perdera o emprego e não contava com o apoio de ninguém da família mais próxima. Ela queria sua vida de volta. Queria que eles soubessem o que Greg tinha feito.

Os facilitadores ofereceram escuta compassiva e algumas informações sobre os mecanismos do trauma. Eles perceberam que Dina estava revivendo as experiências de abuso como se estivessem acontecendo agora. Perguntaram se ela já tinha feito terapia. Não tinha. Depois de fazer alguns telefonemas, os facilitadores fizeram a ponte entre Dina e duas clínicas – uma onde ela poderia fazer terapia individual e outra onde participaria de um grupo de apoio. Ao longo do ano seguinte, os facilitadores mantiveram contato com Dina enquanto ela frequentava os dois programas.

Um ano mais tarde, Dina voltou. Estava ansiosa para prosseguir com o processo de justiça restaurativa. Seus relacionamentos com os membros da família ainda eram tênues, e ela queria que eles compreendessem tudo o que tinha passado. E queria muito que Greg reconhecesse que tinha abusado sexualmente dela, e que o que ele tinha feito era errado. Ela também queria saber: Por quê? O que passou pela cabeça dele na época? O terapeuta veio com Dina para seus encontros com os facilitadores. Depois de seis meses e vários encontros, todos concordaram que já era hora de os facilitadores fazerem contato com Greg e os outros familiares para ver se concordariam em participar de um encontro familiar.

Depois de muita hesitação, Greg concordou. Estava no princípio muito preocupado com as implicações jurídicas, mas acabou resolvendo que não queria levar esse segredo para o resto da vida e desejava encarar sua irmã e o resto da família, bem como as consequências disso. Também a família concordou em participar. Seus pais não se conformavam e tinham dificuldade para acreditar que algo assim havia perturbado tanto a vida de Dina. Só queriam que ela perdoasse o irmão. Outros ficaram furiosos. O irmão de Greg se sentiu traído, pois Greg tinha sido seu modelo ao longo da vida e tinham sido inseparáveis durante a infância e juventude. A irmã mais velha achou que um encontro de justiça restaurativa não era boa ideia, queria que Dina fosse fazer uma denúncia na polícia. Contudo, concordou em vir para dar apoio à sua irmã.

Estavam todos sentados em círculo, não havia mesa entre eles. Depois de combinarem as regras do encontro e lembrarem aos presentes por que estavam ali, os facilitadores pediram que descrevessem brevemente sua principal esperança em relação ao encontro daquele dia. Um por um, as pessoas falaram.

— Quero que Dina saiba que acreditamos nela — diz um deles.

— Espero que, de alguma maneira, ainda consigam me aceitar — diz Greg. — Se vocês soubessem como estou arrependido... muito, muito arrependido... demais... espero conseguir olhar para vocês e que vocês consigam olhar para mim de novo.

— Nem sei o que dizer, só quero, só quero que consigamos ser uma família novamente... que... que... Greg você me dá nojo — diz um homem, bufando.

— Espero que Greg me ouça, que ele saiba o quanto me prejudicou, magoou, como tem sido difícil viver com essa memória. Quero que vocês todos parem de julgar a vida que tenho levado e saibam o quanto lutei. Quero ter uma família outra vez — afirma Dina com calma e serenidade, exalando confiança e coragem.

Os facilitadores vão guiando o rumo da conversa, revendo o que aconteceu no passado, as consequências disso para cada um e em especial para Dina. Ela descreve o pesadelo pelo qual passou, como por muitos anos aquilo a atormentou e parecia atrapalhar tudo na sua vida – relacionamentos, trabalho e o convívio com a família, ainda mais quando Greg estava presente. Ela olha para ele durante a maior parte do encontro. Às vezes chora, mas na maior parte do tempo está calma. Trabalhou muitos meses com a terapeuta e os facilitadores dizendo várias vezes que não queria mais carregar esse peso sozinha – que queria devolver a Greg esse fardo. Greg procura evitar o contato visual. Ele chora, balança a cabeça, murmura "me perdoa".

A família reage. Dão apoio a Dina e a agradecem pela coragem que teve. Dizem que lamentam tê-la afastado num período em que ela lutava com o trauma. Ficam pensando em como podem ajudá-la agora.

Greg se manifesta. Admite ter abusado sexualmente de Dina. Diz que na época encarava aquilo como uma brincadeira, como uma escolinha. Mas sabia que era errado. Sabia, pois a fez jurar que jamais contaria a ninguém. Sabia por causa do peso de sua consciência – muitas décadas de culpa. Mas ele jamais tinha percebido quanto isso a prejudicara. Nas reuniões

Conclusão – um estudo de caso

preparatórias, os facilitadores o tinham instado a pensar a respeito, mas ele na verdade não tinha conseguido entender o impacto de suas ações até ouvir Dina falar.

— O que posso fazer? Pedir desculpas é tão... tão... parece só uma palavra, uma coisa vazia.

— Você veio — diz Dina.

Os facilitadores levam a conversa adiante, perguntando: "O que precisa acontecer para endireitar a situação tanto quanto possível?" As coisas ficam agitadas. O cônjuge de uma das irmãs esbraveja e sai da sala, dizendo que tudo aquilo é demais para ele. Os facilitadores fazem uma pausa e verificam como todos estão se sentindo. Juntos decidem que continuarão sem ele. Contudo, muitas horas já se passaram e todos estão exaustos. Decidem voltar para um segundo encontro na próxima semana. Dina pretende pedir que Greg faça terapia, e quer falar sobre como serão os encontros familiares dali para a frente.

A mãe dela esteve em silêncio boa parte do tempo. Em lágrimas, diz: "Nunca imaginei que uma coisa dessas estava acontecendo na nossa casa, nossa casa linda. Estávamos todos tão empenhados em cuidar uns dos outros, em sermos amorosos, felizes. Vim aqui querendo que tudo isso passasse logo e que todos se perdoassem e seguissem adiante. Agora percebo que vai levar muito tempo. Sempre disse às pessoas que perdoassem. Agora não sei como eu mesma vou conseguir fazer isso. Estou com mais raiva do que quando entrei – mas feliz. Não, não é essa a palavra. Estou satisfeita. Estou tão orgulhosa de você, Dina, orgulho por conseguirmos conversar sobre isso em família. Isso muda tudo – o modo como vejo você, Greg, o que penso de você. Mas vocês dois são meus filhos".

No fechamento os facilitadores pedem a cada participante para partilhar como estão se sentindo ao ir embora.

— Cansado, mas satisfeito — muitos assentem com a cabeça.
— Triste.
— Sinto admiração pela Dina, e estou satisfeito porque Greg compareceu.
— Esperançosa.

* * *

Os participantes ficaram satisfeitos com o processo de justiça restaurativa e seus resultados. Dina reconquistou o apoio de sua família, que agora consegue enxergar suas dificuldades pelas lentes da vitimização. Greg se comprometeu a fazer terapia. Alguns membros da família se distanciaram dele. Aprovaram sua atitude de assumir a responsabilidade, mas não conseguiram coadunar a ideia que tinham dele com aquilo que tinha feito. Outros mantiveram laços fortes e vibrantes com ele. Pela primeira vez em muitos anos, Dina se sentiu confortável nos encontros de família com Greg presente. Sabendo que Greg está fazendo terapia, Dina deixou de sentir tanto medo de que ele abusasse de outros membros da família.

Evidentemente, algumas necessidades importantes foram atendidas – de reconhecimento, de validação – pois a família começou a se restabelecer. Nem todos os processos de justiça restaurativa acabam assim. Há situações em que os facilitadores fecham o caso ainda na fase preparatória. O ofensor talvez não consiga superar a fase de minimizar o crime. A vítima talvez precise de outros apoiadores, como terapeutas, que possam atender melhor suas necessidades. Contudo, este caso mostra as possibilidades do processo. Ele não diminui o sofrimento: não há solução fácil. As pessoas precisam ter um espaço seguro para chorar as dores provocadas pelo abuso sexual. Na história de Dina e Greg, a vítima saiu se sentindo empoderada e mais capaz de encarar a vida. O ofensor saiu menos oprimido pela culpa e pela vergonha, pois o segredo acabou. Considerando o processo como um todo, não foi perfeito, mas houve um resultado muito positivo: a esperança depois do trauma.

FINS E COMEÇOS

Sentimo-nos gratos por você ter lido este livro. Nosso objetivo foi contribuir para a discussão sobre a utilidade da justiça restaurativa como reação ao abuso sexual. Escrevemos com o cuidado de manter um tom de convite e não um tom prescritivo. O leitor poderá discordar de alguns itens, e isso é normal.

Os valores da justiça restaurativa tratam de manter um lugar seguro de diálogo para assuntos difíceis. O abuso sexual é um assunto difícil. Esperamos que esta obra seja uma pequena contribuição para pôr fim a essa forma de violência e criar comunidades onde todos desfrutem de segurança, respeito e dignidade.

NOTAS

1. Judith L. Herman, *Trauma and Recovery: The Aftermath of Violence – From Domestic Abuse to Political Terror*. New York: Basic Books, 1997.

2. Paul E. Mullen e David M. Fergusson, *Child Sexual Abuse: An Evidence-Based Perspective*. London: Sage Publications Inc., 1999.

3. Para uma introdução à terapia cognitivo-comportamental e sua utilidade nos casos de adicção, ver: Julian Somers, *Cognitive Behavioural Therapy*. Vancouver: Centre for Applied Research in Addiction & Mental Health, 2007.

4. Jay Harrison e Ginette Lafrenière, *The Change Project: University Campuses Ending Gendered Violence – Final Report and Recommendations to Wilfrid Laurier University*. Waterloo: Social Innovation Research Group, 2015.

5. Ibidem.

6. Bonnie Fisher, Francis T. Cullen e Michael G. Turner, *The Sexual Victimization of College Women*. Washington, DC: National Institute of Justice, 2000.

7. Ibidem.

8. Por exemplo, Neil M. Malamuth, "Rape Proclivity Among Males", *Journal of Social Issues* 37, nº 4, 1981, p. 138-157; Julie A. Osland, Marguerite Fitch e Edmond E. Willis, "Likelihood to Rape in College Males", *Sex Roles: A Journal of Research* 35, nº 3-4, 1996, p. 171-183.

9. Brené Brown, "The Power of Vulnerability", June 2010, transcrição de palestra, 20:19, TEDxHouston, TED Talks. Disponível em: www.ted.com/talks/brene_brown_on_vulnerability.html. Acesso em: 8 set. 2019.

10. Brentin Mock, "Holder: 'We Can't Incarcerate Our Way to Becoming a Safer Nation'", *Color Lines: News for Action*, August 12, 2013. Disponível em: www.colorlines.com/articles/holder-we-cant-incarcerate-our-way-becoming-safer-nation. Acesso em: 8 set. 2019.

11. Brené Brown, op. cit.

12. Judith Herman, *Trauma and Recovery: The Aftermath of Violence – From Domestic Abuse to Political Terror*. New York: Basic Books, 1997.

13. Kathleen Daly, "Restorative Justice and Sexual Assault", *British Journal of Criminology* 46, nº 2, 2006, p. 334-356.

14. Clare McGlynn, Nicole Westmarland e Nikki Godden, "'I Just Wanted Him to Hear Me': Sexual Violence and the Possibilities of Restorative Justice", *Journal of Law and Society* 39, nº 2, 2012, p. 213-240.

15. Tinneke Van Camp e Jo-Anne Wemmers, "Victim Satisfaction with Restorative Justice: More Than Simply Procedural Justice", *International Review of Victimology* 19, nº 2, 2013, p. 117-143.

16. National Center for Missing & Exploited Children. Disponível em: www.missingkids.com. Acesso em: 8 set. 2019.

17. Dennis A. Challeen, *Making It Right: A Common Sense Approach to Criminal Justice*. Aberdeen: Melius & Peterson Publishing Co., 1986, p. 37-39.

18. Martin E. P. Seligman, *Learned Optimism: How to Change Your Mind and Your Life*. New York: Random House, 1990.

19. Linda Pressly, "The Village Where Half the Population Are Sex Offenders", *BBC News Magazine*, July 31, 2013. Disponível em: www.bbc.com/news/magazine-23063492. Acesso em: 8 set. 2019.

20. Correctional Service Canada, *Circles of Support & Accountability: Project Guide*. Ottawa: Correctional Service Canada, 2003.

21. Ibidem.

22. Marian V. Liautaud, "Sex Offenders in the Pew: How Churches are Ministering to Society's Most Despised", *Christianity Today*, September 17, 2010. Disponível em: www.christianitytoday.com/ct/2010/september/21.49.html. Acesso em: 8 set. 2019.

23. Robin J. Wilson, Janice E. Picheca e Michelle Prinzo, *Circles of Support & Accountability: An Evaluation of the Pilot Project in South-Central Ontario*, research report R-168. Ottawa: Correctional Service of Canada, 2005.

24. Mechtild Höing, Stefan Bogaerts e Bas Vogelvang, "Circles of Support & Accountability: How and Why They Work for Sex Offenders", *Journal of Forensic Psychology Practice* 13, nº 4, 2013, p. 267-295.

25. Alan Jenkins, *Becoming Ethical: A Parallel Political Journey with Men Who Have Abused*. Dorset: Russell House Publishing, 2009.

26. Judith Herman, *Trauma and Recovery: The Aftermath of Violence – From Domestic Abuse to Political Terror*. New York: Basic Books, 1997.

27. James Gilligan, *Violence: Reflections on a National Epidemic*. New York: Vintage, 1997, p. 111.

28. As duas imagens são da obra de Dorothy Vaandering, *A Window on Relationships: Enlarging the Social Discipline Window for a Broader Perspective*, October 14, 2010, apresentadas na 13ª World Conference of the International Institute of Restorative Practices. Disponível em: www.iirp.edu/pdf/Hull-2010/Hull-2010-Vaandering.pdf. Acesso em: 8 set. 2019.

29. Shalem Mental Health Network, "FaithCARE". Disponível em: https://shalemnetwork.org/services-in-communities/restorative-practice/faithcare. Acesso em: 8 set. 2019.

30. Terry O'Connell, Ben Wachtel e Ted Wachtel, *Conferencing Handbook: The New Real Justice Training Manual*. Bethlehem: International Institute for Restorative Practices, 1999. Ver também International Institu te for Restorative Practices, "Restorative Conference Facilitator Script", April 20, 2010. Disponível em: https://iirp.edu/news/restorative-conference-facilitator-script. Acesso em: 8 set. 2019.

31. Jay Harrison e Ginette Lafrenière, *The Change Project: University Campuses Ending Gendered Violence – Final Report and Recommendations*, apresentado à Wilfrid Laurier University.

32. Ver Mary P. Koss, Jay K. Wilgus e Kaaren M. Williamsen, "Campus Sexual Misconduct: Restorative Justice Approaches to Enhance Compliance with Title IX Guidance", *Trauma, Violence, & Abuse* 15, nº 3, 2014, p. 242-257.

33. Rupert Ross, *Returning to the Teachings: Exploring Aboriginal Justice*. Toronto: Penguin Canada, 1996; Christine Sivell-Ferri, *The Four Circles of Hollow Water*. Ottawa: Ministry of the Solicitor General, Ottawa, 1997, p. 96.

34. Ver Truth and Reconciliation Commission of Canada, "About the Commission: Indian Residential Schools Truth and Reconciliation Commission". Disponível em: www.trc.ca/about-us.html. Acesso em: 8 set. 2019.

35. The Truth and Reconciliation Commission of Canada, *They Came for the Children: Canada, Aboriginal Peoples, and Residential Schools*. Winnipeg: Truth and Reconciliation Commission of Canada, 2012, p. 79.

36. Rupert Ross, op. cit., p. 46.

37. Christine Sivell-Ferri, op. cit., p. vii.

38. Christine Sivell-Ferri, op. cit., p. 18.

39. Community Holistic Circle Healing (CHCH), *CHCH Position Paper on Incarceration*, CHCH file 93.04.20 (Hollow Water: CHCH, 1993), p. 5, citado por Christine Sivell-Ferri, *The Four Circles of Hollow Water*. Ottawa: Ministry of the Solicitor General, Ottawa, 1997, p. 101.

40. Christine Sivell-Ferri, op. cit., p. 131.

41. Christine Sivell-Ferri, op. cit., p. 185.

42. Joe Couture, Ted Parker, Ruth Couture e Patti Laboucane, *A Cost-Benefit Analysis of Hollow Water's Community Holistic Circle Healing Process*, APC 20 CA. Ottawa: Aboriginal Corrections Policy Unit, Solicitor General of Canada, 2001.

43. Joe Couture et al., op. cit.

44. Christine Sivell-Ferri, *The Four Circles of Hollow Water*. Ottawa: Ministry of the Solicitor General, Ottawa, 1997, p. 59.

45. Howard Sapers, *Annual Report of the Office of the Correctional Investigator 2012-2013*. Ottawa: Office of the Correctional Investigator, 2013. Disponível em: www.oci-bec.gc.ca/cnt/rpt/annrpt/annrpt20122013-eng.aspx. Acesso em: 8 set. 2019.

46. Katherine van Wormer, "Restorative Justice as Social Justice for Victims of Gendered Violence: A Standpoint Feminist Perspective", *Social Work* 54, nº 2, 2009, p. 107-116.

47. Para saber mais sobre o trabalho de justiça restaurativa na Nova Zelândia, ver Allan MacRae e Howard Zehr, *Conferências de Grupos Familiares: Modelo da Nova Zelândia*. São Paulo: Palas Athena, 2019.

Sobre os autores

Judah Oudshoorn é professor do Community and Criminal Justice Program do Conestoga Institute of Technology of Advanced Learning, de Kitchener, Canadá, e mediador do Restorative Opportunities do Correctional Service Canada. Tem mestrado pelo Center for Justice and Peacebuilding da Eastern Mennonite University e é doutor em Serviço Social pela Wilfrid Laurier University. Trabalhou por muitos anos com sobreviventes de abuso sexual e com pessoas que cometeram violência sexual, bem como famílias e comunidades afetadas por esses crimes. É autor de *Trauma-informed Youth Justice in Canada* (Canadian Scholars' Press Inc., 2015).

Lorraine Stutzman Amstutz é coordenadora de justiça restaurativa do Mennonite Central Committee, nos Estados Unidos. Foi membro do conselho do International Victim Offender Mediation Association (VOMA) durante sete anos. É coautora de *Justiça Restaurativa para Escolas* (Palas Athena, 2005) e autora de *Encontros Vítima-Ofensor* (Palas Athena, 2019). Ministra palestras e cursos sobre crime e justiça, justiça restaurativa e transformação de conflitos. É professora do Summer Peacebuilding Institute da Eastern Mennonite University.

Michelle Jackett é coordenadora do MSCU Centre for Peace Advancement sediado na Conrad Grebel University College da University of Waterloo. É também professora na University of Waterloo, onde ensina justiça restaurativa. Possui mestrado em transformação de conflitos, tendo se especializado em justiça restaurativa no Center for Justice and Peacebuilding (CJP) da Eastern Mennonite University.

Leituras selecionadas

Justiça Restaurativa, Howard Zehr. São Paulo: Palas Athena, 2012; 2016 (ed. revisada e atualizada).
Encontros Vítima-Ofensor – Reunindo vítimas e ofensores para dialogar, Lorraine Stutzman Amstutz. São Paulo: Palas Athena, 2019.
Processos Circulares de Construção de Paz, Kay Pranis. São Paulo: Palas Athena, 2010.
A Cura do Trauma, Carolyn Yoder. São Paulo: Palas Athena, 2018.
Conferências de grupos familiares, Allan MacRae e Howard Zehr. São Paulo: Palas Athena, 2019.
Justiça Restaurativa para Pessoas na Prisão, Barb Toews. São Paulo: Palas Athena, 2019.
Disciplina Restaurativa para Escolas, Lorraine Stutzman Amstutz e Judy H. Mullet. São Paulo: Palas Athena, 2012.

Outras leituras sugeridas
Sexual Offending and Restoration, de Mark Yantzi, Herald Press, 1998.
Trauma and Recovery, de Judith Lewis Herman, Basic Books, 1997.
The Four Circles of Hollow Water, de Christine Sivell-Ferri, Ministry of the Solicitor General, 1997.
The Little Book of Restorative Justice for Colleges and Universities, David Karp. New York: Good Books, 2015.

OBRAS DA PALAS ATHENA EDITORA
SÉRIE DA REFLEXÃO À AÇÃO

A Cura do Trauma
Autora: Carolyn Yoder

Esta obra elucida os porquês dos ciclos viciosos criados a partir de traumas não curados, e nos convida a perceber o trauma como uma oportunidade de transformação. A jornada de cura do trauma passa pelo devido vivenciar do pesar e do luto, e não por sua supressão. O reconhecimento da vulnerabilidade humana precisa ser respeitado para seguirmos adiante de maneira construtiva e significativa. Do âmbito individual às mais amplas ideias de coletividade, a concretização da justiça e da segurança depende desse cuidado e dessa cura, para que o sentido da vida seja regenerado e os laços sociais restaurados.

Conferências de Grupos Familiares
Autores: Allan MacRae e Howard Zehr

As Conferências de Grupos Familiares são a primeira instância para lidar com as transgressões juvenis e os problemas de bem-estar da criança na Nova Zelândia. Desde sua introdução, elas foram adotadas em vários outros locais pelo mundo inteiro para tratar das questões da infância e da juventude, da disciplina escolar e da justiça criminal (tanto para adultos como para crianças). Este livro descreve a metodologia básica e a mecânica desta abordagem, bem como suas vantagens e resultados.

Construção Estratégica de Paz
Autora: Lisa Schirch

Todos desejamos um mundo mais pacífico – sem guerras, sem pobreza, sem racismo, sem disputas na comunidade, sem tensões no ambiente de trabalho, sem brigas conjugais. Neste livro tão oportuno, a autora nos direciona a tais realidades, conduzindo-nos por um caminho que transcende a ausência de conflito. Prevê uma paz sustentável, que não abre mão da justiça. Como chegar lá? A autora selecionou quatro ações vitais para que a paz se estabeleça em todos os níveis. Sua estratégia clara e incisiva incentiva a adoção de muitas abordagens em prol da paz, sempre com uma análise cautelosa da situação e do momento.

Diálogo para Assuntos Difíceis
Autores: Lisa Schirch e David Campt

A palavra "diálogo", devido ao uso indiscriminado, perdeu sua potência, mas a prática do diálogo é uma experiência viva, transformadora, que amplia repertório e nos enche de esperança. Neste manual claro, direto e absorvente, os autores demonstram como o diálogo ajuda as pessoas em conflito a ouvirem umas às outras, estabelecerem um terreno em comum e explorarem suas diferenças num ambiente seguro. Diferente da discussão e do debate, esta metodologia permite conhecer os diversos lados de uma questão, dando a todos os envolvidos a oportunidade de se familiarizar com a situação através da ajuda de um mediador.

Disciplina Restaurativa para Escolas
Autoras: Judy H. Mullet e Lorraine Stutzman Amstutz

Obra de grande aplicação prática e clareza conceitual das ferramentas da Justiça Restaurativa, de experiências bem-sucedidas das Escolas Pacificadoras e metodologias aplicadas em várias partes do mundo para enfrentarmos com eficácia o *bullying* ou assédio moral escolar, baixo rendimento acadêmico, vandalismo, abandono escolar e outros conflitos que aparecem nesse ambiente.

Encontros Vítima-Ofensor
Autora: Lorraine Stutzman Amstutz

Os encontros vítima-ofensor, fundados nos princípios da Justiça Restaurativa, foram uma verdadeira revolução na forma de tratar ilícitos, responsabilizar os autores e atender às necessidades das vítimas.

Produziram resultados positivos para todos os envolvidos, e contribuíram para o empoderamento de comunidades. Não por acaso, tornaram-se uma das estratégias mais utilizadas pelas iniciativas de Justiça Restaurativa pelo mundo. Esta obra é um guia para todos aqueles que desejam trabalhar nesse campo.

Justiça Restaurativa
Autor: Howard Zehr

A Justiça Restaurativa firmou-se nas últimas décadas como prática inovadora. Vê os crimes como violações de pessoas e suas relações humanas, que acarretam a obrigação de reparar os danos e males que afetam não apenas vítima, ofensor e seus grupos de pertença, mas toda a sociedade – pois, com o rompimento do tecido social, o enfraquecimento dos laços comunitários engendra violações futuras.

Justiça Restaurativa na Educação
Autoras: Katherine Evans e Dorothy Vaandering

Um guia de justiça e construção de paz para criar escolas saudáveis e equitativas. Muito mais do que uma reação a danos ou transgressões, a Justiça Restaurativa cria uma cultura relacional, nutrindo as interconexões e os vínculos de cuidado e responsabilidade mútua e coletiva. É a alternativa inteligente à política de tolerância zero – que perpetua a apatia estudantil, a desigualdade e a linha direta escola-prisão. Esta obra orienta o desenvolvimento e a consolidação da Justiça Restaurativa na escola.

Justiça Restaurativa para Pessoas na Prisão
Autora: Barb Toews

Com ênfase na identificação das necessidades de justiça de todos os envolvidos em um crime, a Justiça Restaurativa ajuda a restaurar o senso de humanidade do preso, ao mesmo tempo em que o responsabiliza por seus atos. A autora mostra como as práticas restaurativas podem mudar a cultura prisional e a própria sociedade. Escrito para os encarcerados e para as pessoas que trabalham com eles, a obra revela com clareza as vivências e necessidades desta parcela sub-representada e negligenciada da sociedade.

Obras da Palas Athena Editora | Série Da Reflexão à Ação

Processos Circulares de Construção de Paz
Autora: Kay Pranis

Uma metodologia de diálogo com qualificação da escuta e formação de consenso. Utilizada com grande eficácia e em várias partes do mundo: no sistema judicial para sanar danos ocasionados por delitos; nas escolas para criar um ambiente positivo em sala de aula e resolver problemas de comportamento; nos locais de trabalho para lidar com conflitos; e no serviço social para desenvolver sistemas de apoio mais orgânicos e eficientes.

Transformação de Conflitos
Autor: John Paul Lederach

Uma abordagem prática de mudança. Sem se deixar levar por idealismos não aplicáveis no mundo real, Lederach descortina as amplas possibilidades da transformação de conflitos e mostra que sua aplicação prática requer "tanto soluções imediatas quanto mudanças sociais". Ela não trata apenas de "como terminar algo que não desejamos", mas também de "como terminar algo destrutivo e construir algo desejado".

Transformar Comunidades
Autor: David Anderson Hooker

Sendo seres culturais, nossas vidas ganham sentido pela harmonização das nossas histórias – individuais e comunitárias – com as grandes narrativas que nos envolvem sem que percebamos sua existência. Com frequência, essas grandes narrativas perpetuam traumas e contribuem com a sustentação da violência. A proposta da Conferência Comunitária Transformativa é oferecer uma ambiência acolhedora e respeitosa, e ali explorar as origens das grandes narrativas e as causas dos episódios traumáticos para, então, encontrar narrativas alternativas e possibilidades de transformação e de construção de novos significados.

Texto composto em Versailles LT Std.
Impresso em papel Pólen Soft 80g na Assahi Gráfica.